Petit traité de l'humour au travail

au travail

Rire en travaillant

Groupe Eyrolles
Éditions d'Organisation
61, Bd Saint-Germain
75240 Paris Cedex 05

www.editions-eyrolles.com
www.editions-organisation.com

Illustrations p. 38 et 151 : Gabs

© Groupe Eyrolles, 2012
ISBN : 978-2-212-55258-4

David AUTISSIER
Élodie ARNÉGUY

Petit traité de l'humour au travail

Rire en travaillant

EYROLLES

Éditions d'Organisation

Sommaire

Introduction

« Vivement vendredi que je me marre un peu ! » Tout est né de cette remarque d'un salarié pour qui travail et humour étaient manifestement incompatibles. Comme si deux mondes s'opposaient, une sphère professionnelle où l'humour serait banni et une « autre vie » où l'on pourrait s'adonner au rire. Nous passons en moyenne 210 jours au travail, soit les deux tiers de notre temps actif. Serions-nous condamnés à ne rire que pendant le tiers restant ? Certes, le travail est placé sous le signe de la contrainte. L'étymologie latine nous le rappelle : le *tripalium*, dont dérive « travail », n'était autre qu'un instrument de torture… Doit-on pour autant considérer que le travail exclut toute forme de réjouissance et de rire ? Bien au contraire, les salariés expriment une réelle demande d'humour dans le monde professionnel.

Cet ouvrage ne se veut pas un recueil de recettes sur l'humour, mais se propose d'explorer le thème de l'humour au travail sans parti pris ni idée préconçue. Nous dégageons des pistes de réflexion et d'action pour les salariés et les responsables d'organisation qui s'interrogent sur la possibilité de rire au travail. Quels sont les bénéfices individuels et collectifs de l'humour en entreprise ? Quelles en sont les conditions d'exercice et les limites ? L'humour peut-il être un levier de management des hommes et de gestion de l'entreprise ? Précisons que nous retenons une acception large de cette dernière, c'est-à-dire toute organisation collective visant la production d'un bien ou d'un service. Cela recouvre les grands groupes comme les PME, les administrations, les hôpitaux, les universités, les collectivités territoriales ou les associations. Quelle fonction peut remplir l'humour dans ces organisations ?

La plupart des grands penseurs se sont interrogés sur l'humour. Aristote, Platon, Kant, Bergson ou Freud, pour ne citer qu'eux, ont avancé des hypothèses sur ce qu'est l'humour et sur les fonctions sociales qu'il remplit. Pour mieux cerner ce concept polymorphe, nous proposons la définition suivante inspirée des travaux de l'Américaine Cecily Cooper[1] : l'humour est un acte intentionnel produit par une personne ou un groupe, à destination d'un public qui a conscience de l'intention d'amuser du ou des auteurs de cet acte. C'est une manière de détourner le réel pour attirer l'attention sur une situation ou un comportement, de façon plus ou moins bienveillante. Car l'humour n'est pas neutre : il peut faire sourire mais aussi blesser.

L'humour fait partie intégrante de notre être social. Nous le mobilisons fréquemment dans nos relations avec les autres. En cela, il constitue une forme de langage propice aux échanges et à l'émergence d'un collectif. L'entreprise ne pourrait-elle pas en tirer parti ? On voit actuellement fleurir les journées du rire, séminaires de rire et autres ateliers de « rigologie » (méthode développée par Corinne Cosseron[2]), autant d'initiatives qui témoignent de notre besoin de rire et d'humour, y compris dans des contextes considérés comme moroses. Dans les entreprises comme dans la société, l'humour est un moyen de

---

1. Cooper C., « Elucidating The Bonds Of Workplace Humor : A Relational Process Model », *Human Relations*, vol. 61, n° 8, août 2008, p. 1087-1115.
2. Cosseron C., *Remettre du rire dans sa vie. La Rigologie mode d'emploi*, Robert Laffont, 2009.

répondre aux difficultés du quotidien, aux événements angoissants. En prenant plaisir à détourner le réel sur un mode humoristique, on le sublime. Pourtant, si les ouvrages sur l'humour en général sont légion, il n'en est pas de même pour l'humour en entreprise. Nous mobiliserons ici quelques concepts théoriques empruntés à la philosophie, à la sociologie, à la psychologie et à la médecine, mais le cœur de cet ouvrage portera sur le management et le fonctionnement des entreprises. L'humour améliore-t-il les performances des organisations ? À en croire certaines études, la réponse serait ouvertement oui ! 97 % des directeurs d'entreprise interrogés dans le cadre d'une enquête américaine[1] ont affirmé que l'humour était utile dans le business, et 60 % que le sens de l'humour était déterminant dans la capacité d'un individu à faire du business. Pour 84 % des directeurs des ressources humaines, les salariés dotés de sens de l'humour font mieux leur travail. Les recherches menées par l'école des relations humaines dans les années 1950 et 1960 nous ont appris que les conditions de travail étaient un facteur de performance. L'humour ne participerait-il pas de ces conditions au même titre que l'ergonomie des bureaux ?

Pour répondre à ces différentes interrogations et donner des clés à tous ceux qui souhaiteraient développer l'humour en entreprise, nous avons décliné notre propos en trois volets. Dans un premier temps, nous restituons au travers d'enquêtes et d'observations le vécu, les attentes et les pratiques propres à l'humour en entreprise. Il en ressort une forte aspiration à l'humour, mais aussi une diversité de comportements selon les contextes culturels. Le deuxième temps, plus théorique, vise à comprendre le phénomène de l'humour au travail. À titre d'exemple, il n'est pas anodin, quand on s'intéresse au bien-être des salariés, de savoir que le rire a un effet relaxant et qu'il aide à se concentrer dans les moments de fatigue ! Dans un troisième temps, nous proposons un guide d'action

---

1. Braverman T., Petrini C., « Enhance Your Sense of Self-Mirth », *Training & Development*, vol. 47, n° 7, juillet 1993, p. 9.

pour développer l'humour au travail. Comment initier une culture du changement dans l'entreprise et inciter les individus à développer leur aptitude à l'humour ?

S'interroger sur la place de l'humour dans les organisations, c'est aussi faire le projet politique d'humaniser les relations dans les lieux de production. Travailler dans une ambiance agréable n'empêche aucunement de respecter les contraintes de sécurité, de qualité ou de flexibilité. Pourquoi oppose-t-on encore souvent l'efficacité et le sérieux au bien-être ? Est-ce le résultat d'une dérive qui a cantonné le management à une relation hiérarchique et d'obéissance ? Est-ce dû à une sur-instrumentalisation des relations, dont témoigne la multiplication des procédures et des indicateurs, au détriment des échanges informels ? Dans tous les cas, aussi modeste que soit notre pierre, nous voulons contribuer à mettre de l'humain dans les environnements de travail pour qu'ils soient des lieux de réalisation et non de destruction individuelle.

Première partie

OBSERVER L'HUMOUR AU TRAVAIL

*L'humour et l'entreprise :
entre envie et retenue*

Chapitre 1

Un grand besoin d'humour dans les entreprises françaises, mais des initiatives anglo-saxonnes

« La seule défense contre l'absurde est l'humour. »
Primo Levi

L'humour est une notion familière pour chacun d'entre nous : il est présent dans nos relations sociales au quotidien et sans cesse mobilisé par les médias. Nous nous proposons ici d'explorer la notion d'humour dans le cadre bien particulier de l'entreprise. L'humour accroît-il la motivation et la performance ? Quelles fonctions remplit-il dans les relations professionnelles ? Est-il illusoire d'envisager les relations au travail sous un autre mode que celui de la subordination ?

Notre analyse prend pour point de départ les résultats de deux enquêtes, l'une menée en France auprès de plus de 300 salariés sur leurs pratiques et attentes vis-à-vis de l'humour[1], l'autre conduite par un universitaire italien sur les différentes formes d'humour rencontrées dans les entreprises européennes. Ces résultats ont été complétés par une recherche bibliographique sur les pratiques d'humour dans les pays anglo-saxons, notamment aux États-Unis où l'autodérision a une valeur quasi culturelle.

---

1. « L'humour en entreprise », enquête réalisée en 2010 et 2009 par les auteurs de l'ouvrage auprès de 321 personnes principalement dans des grands groupes, Administration d'un questionnaire et traitements statistiques, par David Autissier et Élodie Arnéguy.

Des salariés français en manque d'humour

Dans le cadre de l'enquête que nous avons réalisée en 2009 et 2010, 321 salariés ont répondu *via* Internet à trente questions sur l'humour dans les relations professionnelles. L'échantillon compte 60 % de salariés du secteur tertiaire, appartenant majoritairement à de grandes entreprises. Il s'agit à 78 % de cadres, de cadres supérieurs et de dirigeants. 67,3 % ont une formation de niveau bac+4 ou bac+5. Ils se répartissent assez équitablement entre les différentes classes d'âge.

Les trente questions auxquelles ont répondu ces salariés ont été regroupées en trois thèmes :
* leurs constats sur l'humour ;
* leurs pratiques en matière d'humour ;
* leurs attentes vis-à-vis de l'humour.

Les constats suivants sont issus de cette enquête réalisée pour mieux comprendre les attentes des salariés en termes d'humour dans leur environnement professionnel.

Les constats : pas assez d'humour

Pour 96 % des salariés interrogés, l'humour est indispensable, très important et important dans les relations professionnelles. Dans les faits, toutefois, cette très forte attente n'est satisfaite que de façon imparfaite. Ils sont ainsi 63 % à estimer que l'humour n'est pas suffisamment mobilisé au travail *(fig. 1)*. Cela nous conduit à avancer que près de 60 %[1] des salariés sont mécontents de la façon dont l'humour est mobilisé dans leur entreprise. « Peut mieux faire », dirait-on sur un bulletin de notes !

L'humour est surtout attendu dans les relations entre collègues au quotidien, mais aussi pour briser la glace à l'occasion d'une rencontre et pour obtenir la participation *(fig. 2)*.

---

1. Soit 96 % de 63 %.

Fig. 1 – L'humour est-il suffisamment mobilisé dans votre entreprise ?

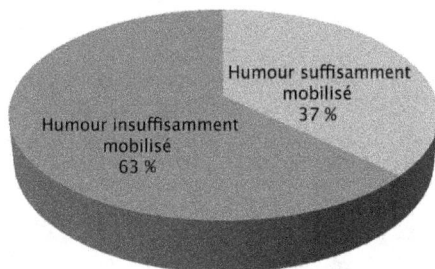

Humour suffisamment mobilisé
37 %

Humour insuffisamment mobilisé
63 %

Source : Enquête « Humour au travail », 2010, Autissier D., Arnéguy E.

Fig. 2 – Dans quelles situations l'utilisation de l'humour vous paraît-elle la plus importante ?

Propositions	% de réponses
Dans les relations au quotidien	81 %
Pour briser la glace	58 %
Pour obtenir la participation	45 %
À la « pause-café »	38 %
Pour transgresser un tabou	35 %
En réunion	34 %
En cas de négociation	28 %
En cas de désaccord	26 %
En cas de conflit	21 %
Pour obtenir une décision	13 %

Source : Enquête « Humour au travail », 2010, Autissier D., Arnéguy E.

On pourrait croire que l'humour est très attendu dans les moments « hors travail ». Or, seules 38 % des personnes interrogées le jugent important pendant les pauses-café.

Une analyse croisée des réponses avec des critères socio-professionnels révèle que les salariés diplômés de l'enseignement supérieur sont les plus sensibles à l'humour. C'est probablement dû au fait qu'ils occupent le plus souvent des postes de coordination où la dimension relationnelle est prégnante. L'humour n'est pas considéré comme important par 88 % des titulaires d'un BEP, alors que cette proportion tombe à environ 30 % pour les diplômés de l'enseignement supérieur *(fig. 3)*.

Fig. 3 – Niveau d'études et perception de l'importance de l'humour dans les relations au travail

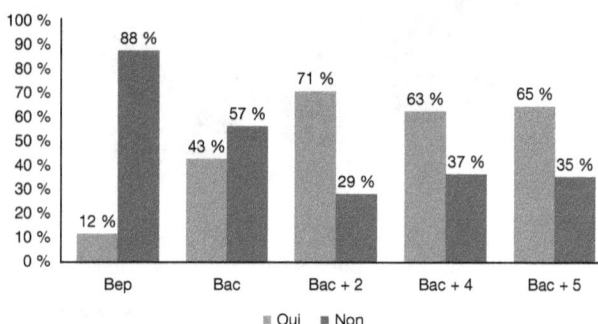

Source : Enquête « Humour au travail », 2010, Autissier D., Arnéguy E.

Le temps qu'un salarié passe dans une organisation influence-t-il sa perception de l'humour ? Il apparaît que plus une personne a de l'ancienneté dans l'entreprise, plus elle estime que l'humour est important dans les relations au travail *(fig. 4)*.

L'humour est un facteur de bien-être des individus : tel est l'avis partagé par 92 % des personnes interrogées.

Fig. 4 – Ancienneté dans l'entreprise et perception de l'importance de l'humour dans les relations au travail

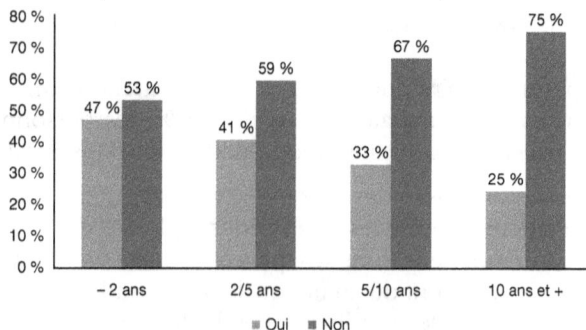

Source : Enquête « Humour au travail », 2010, Autissier D., Arnéguy E.

Elles déclarent vouloir utiliser et développer l'humour comme un moyen d'améliorer la vie au travail. « L'humour, ça nous fait du bien, on a l'impression de s'amuser de notre quotidien, de le rendre plus humain alors qu'il peut être pitoyable », explique un salarié, établissant un lien direct entre humour et bien-être. Parmi les avantages de l'humour en entreprise sont cités avant tout la qualité de vie au quotidien et la dédramatisation des situations *(fig. 5)*. De fait, l'humour ne pourrait-il pas contribuer à lutter contre les risques psychosociaux de plus en plus prégnants dans les entreprises ?

Fig. 5 – Selon vous, quels sont les avantages de l'humour en entreprise ?

Propositions	% de réponses
Mieux vivre au quotidien	71 %
Dédramatiser des situations	52 %
Éviter de se prendre au sérieux	47 %
Renforcer les liens entre les personnes	46 %
Échanger plus facilement avec les personnes que vous ne connaissez pas	27 %

Source : Enquête « Humour au travail », 2010, Autissier D., Arnéguy E.

L'humour est-il de même nature selon qu'on le pratique avec un collègue, un collaborateur d'un niveau hiérarchique inférieur ou un responsable ?

Les réponses montrent qu'il est surtout développé entre collègues de même niveau hiérarchique. En revanche, il l'est moyennement dans les relations avec des subordonnés ou des supérieurs *(fig. 6)*. Il semble donc qu'on ne plaisante pas dans une relation de subordination…

Fig. 6 – Comment qualifieriez-vous l'humour avec… ?

	Inexistant	Nul	Moyen	Bon
Vos collègues	6,5 %	1,5 %	43 %	49 %
Vos collaborateurs	13 %	3 %	47 %	37 %
Vos supérieurs	23 %	10 %	42 %	25 %

Source : Enquête « Humour au travail », 2010, Autissier D., Arnéguy E.

Les pratiques : l'humour se heurte au sérieux de l'entreprise

L'humour est-il soluble dans l'entreprise ? Pour beaucoup, les deux sont encore incompatibles. Si 18 % des personnes interrogées déclarent utiliser très souvent l'humour au travail, 38 % l'utilisent rarement et 11 % jamais. Du reste, ce n'est pas dans l'entreprise que l'on mobilise le plus l'humour mais dans les relations entre amis *(fig. 7)*.

« Avec nos amis, on cherche à s'amuser et à prendre du bon temps, alors qu'en entreprise on est là pour produire. Et puis, la compétition entre les personnes nous fait réfléchir avant de pratiquer l'humour », témoigne un salarié, confortant l'idée que l'humour ne serait pas autorisé au travail. Pourtant, le besoin d'humour s'exprime à toute heure… et surtout quand la fatigue se fait sentir *(fig. 8)*. C'est un petit « plus » qui permet de se donner du courage et de rester attentif dans les moments de creux. Comme le dit un salarié, « il n'y a rien de plus dur qu'une réunion en fin de journée ; et s'il n'y a pas une petite étincelle de joie et de dynamisme pour l'animer, c'est l'horreur ! » On ne saurait être plus clair sur les vertus dynamisantes de l'humour !

Le chemin semble être long avant que l'humour soit considéré comme naturel dans le monde professionnel. Pour 51 % des salariés, l'humour ne fait pas partie de la culture des entreprises et n'est pas revendiqué comme une valeur forte de leur fonctionnement. S'il est pratiqué, c'est davantage le fait de quelques individus que

Fig. 7 – Avec qui utilisez-vous l'humour ?

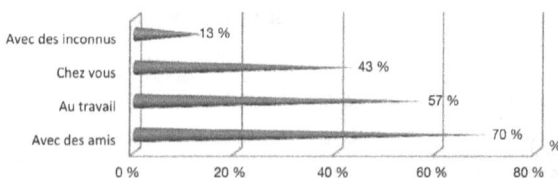

Source : Enquête « Humour au travail », 2010, Autissier D., Arnéguy E.

© Groupe Eyrolles

**Fig. 8 – À quels moments de la journée êtes-vous
le plus sensible à l'humour ?**

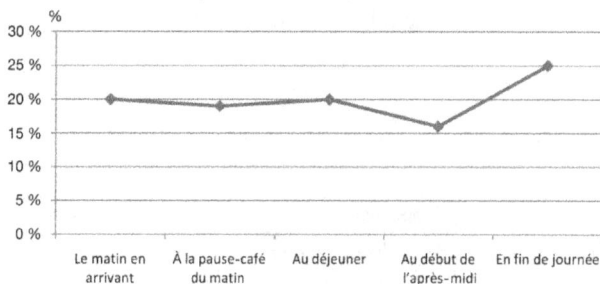

Source : Enquête « Humour au travail », 2010, Autissier D., Arnéguy E.

d'un système de valeurs affiché. Rares sont les chartes de valeurs ou les modèles de management qui mentionnent l'humour. Verra-t-on un jour le slogan « Marrez-vous plus pour produire plus » ? Nous parlons là d'un humour qui aiderait à mieux servir les buts de l'entreprise. Mais c'est oublier que l'humour peut aussi être une redoutable arme critique. Est-il davantage mobilisé sous cette forme par les salariés ? Pas vraiment. Ainsi, 70 % des répondants n'ont pas connaissance de documents humoristiques subversifs à l'encontre de leur organisation ou de ses dirigeants. Il arrive que l'on s'échange des dessins d'humour, mais ils concernent la vie en entreprise et ses travers en général, et non pas une société en particulier. Certes, des jeux de mots ironiques peuvent circuler à l'occasion de certains projets de changement importants. Lorsque Calyon (entreprise issue de la fusion entre le Crédit Agricole et le Crédit Lyonnais) s'est installée dans ses nouveaux locaux à La Défense, dans le bâtiment Doumergue 2, le personnel a évoqué le déménagement de « Cacalyon à Doumerdeux »... Cette forme de critique reste pourtant assez rare.

Comment expliquer l'apparente réticence à user d'humour en entreprise ? Pour 54 % des salariés, le manque d'humour provient des chefs, qui craignent de perdre du pouvoir s'ils mobilisent le mode humoristique. Par ailleurs, le registre de langage propre à l'humour peut paraître décalé dans l'entreprise. Prévaut aussi l'idée selon laquelle le travail prend le pas sur le loisir, et donc sur l'humour *(fig. 9)*.

Fig. 9 – Quels sont les éléments qui peuvent bloquer la mise en place de l'humour en entreprise ?*

Propositions	% de réponses
Les chefs ont peur de perdre du pouvoir	54 %
Certains langages peuvent paraître inappropriés en entreprise	41 %
Le côté « travail » domine et s'oppose à la notion de loisir liée à l'humour	38 %

Source : Enquête « Humour au travail », 2010, Autissier D., Arnéguy E.

* Les personnes interrogées pouvaient choisir plusieurs réponses.

Plus que la satire ouverte, le mode d'humour le plus apprécié et le plus attendu par les salariés est la dérision subtile de l'activité professionnelle *(fig. 10)*. Ainsi, explique un salarié, « nous avons besoin de tourner en dérision ce que nous réalisons et notre environnement de travail. Ce n'est en aucun cas une critique gratuite, mais un clin d'œil qui nous fait sourire ». En Angleterre par exemple, il est de bon ton de commencer une réunion consacrée à la performance par une remarque du type : « Vu notre nombre, ce n'est pas aujourd'hui que nous allons faire des économies sur nos coûts de

Fig. 10 – Quel mode d'humour appréciez-vous le plus dans l'entreprise ?

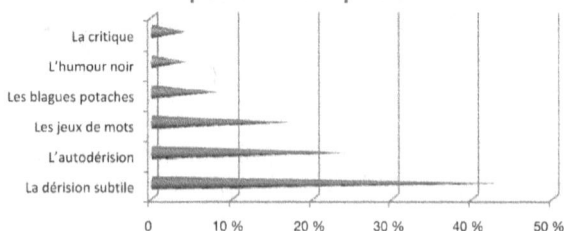

Source : Enquête « Humour au travail », 2010, Autissier D., Arnéguy E.

coordination ! » En tournant en dérision son environnement de travail, on prend du recul sur son activité quotidienne avec le sourire. Et cette dérision s'applique aussi à soi-même ! L'autodérision est ainsi la deuxième forme d'humour privilégiée par les salariés *(fig. 10)*. Un chef comptable avait pour habitude de répondre, quand on lui reprochait sa rigueur : « Un comptable, quand on enlève la table, on sait ce qu'il reste : le con ! » Inutile de dire que cela désamorçait plus d'un interlocuteur...

Le mail est le médium privilégié de l'humour en entreprise ; il est même préféré aux échanges en face en face. 82 % des salariés interrogés lisent les mails humoristiques qui leur sont adressés, et 54 % affirment en recevoir régulièrement de la part de leurs collègues. Un mail drôle – qu'il contienne un dessin, une photo, un texte ou un lien vers un site – circule tout autant qu'une bonne blague qu'on se raconte les uns aux autres. Les vidéos parodiques sur les sites Daily Motion, YouTube ou Brother & Brother sont de plus en plus appréciées. Certaines blagues font l'objet d'un véritable buzz et se diffusent très rapidement, de manière virale. Toutefois, les salariés ne consultent pas spontanément les sites humoristiques : c'est un mail envoyé par un collègue qui les incite à cliquer sur un lien.

Plus on est jeune, plus on sélectionne les personnes avec qui l'on plaisante : 72 % des moins de 25 ans privilégient l'humour avec des collègues du même niveau hiérarchique, contre 35 % des 50-65 ans. Et plus on est âgé, plus l'humour bascule vers les subordonnés et les supérieurs *(fig. 11)*. Un salarié trentenaire en donne l'explication suivante : « Nos chefs sont tous assez âgés, ils ne rient pas des mêmes choses que nous et cela ne me viendrait pas à l'idée de plaisanter avec eux. Ce sont les "big chefs", on ne les voit pas souvent. Quand on les rencontre, c'est plus dans une logique "dis-moi ce que tu fais"... Plaisanter à ce moment-là serait plutôt malvenu. »

Plus un salarié occupe un poste élevé, moins il juge l'humour de son chef pertinent et drôle. Les employés sont

**Fig. 11 – Avec qui privilégiez-vous l'humour
dans votre entreprise ? (Répartition par âge)**

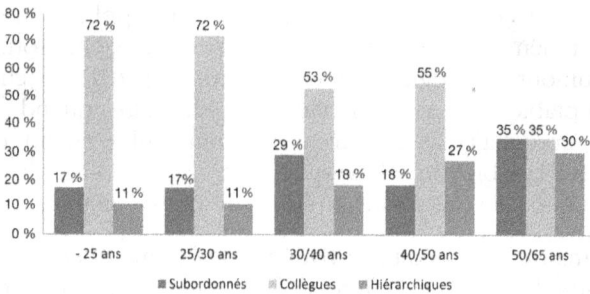

Source : Enquête « Humour au travail », 2010, Autissier D., Arnéguy E.

63 % à déclarer que leur supérieur sait utiliser l'humour au bon moment, et les cadres supérieurs 51 % *(fig. 12)*. Ainsi l'éloignement hiérarchique ne faciliterait-il pas l'usage opportun de l'humour. Les agents de maîtrise se démarquent par une perception assez fortement négative de l'humour de leur responsable. On peut y voir la dérive d'un management de proximité de type « petit chef » qui confondrait autoritarisme et légitimité.

Rit-on plus dans les grandes ou les petites entreprises ? 43 % des salariés de grandes sociétés affirment que leur chef ne fait jamais preuve d'humour. Plus la taille de l'entreprise décroît, plus les chefs sont gratifiés d'une

**Fig. 12 – À quel moment votre supérieur hiérarchique
utilise-t-il l'humour ? (Répartition par fonction)**

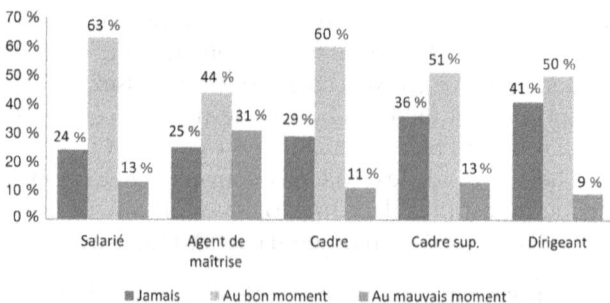

Source : Enquête « Humour au travail », 2010, Autissier D., Arnéguy E.

© Groupe Eyrolles

aptitude à l'humour. Environ deux tiers des managers savent mobiliser l'humour au bon moment dans les petites et moyennes entreprises, contre 44 % dans les grandes *(fig. 13)*. C'est probablement un message à faire passer aux cadres des grands groupes… Quoi qu'il en soit, cela conforte la vision et la critique selon lesquelles plus une organisation est grande, plus elle est désincarnée.

Fig. 13 – À quel moment votre supérieur hiérarchique utilise-t-il l'humour ?
(Répartition par type d'entreprise)

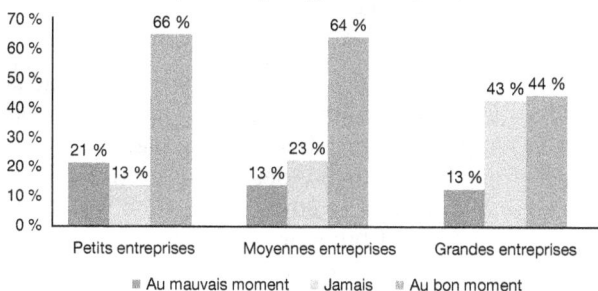

Source : Enquête « Humour au travail », 2010, Autissier D., Arnéguy E.

Les attentes : intégrer l'humour dans les rapports au travail

« Seriez-vous prêt à faire un effort pour introduire plus d'humour ? » La réponse est sans appel : oui ! 93 % des personnes interrogées se disent prêtes à un effort substantiel. Mais cela demande de franchir des obstacles, notamment hiérarchiques : « Il faudrait que cela vienne de nos chefs, qu'ils soient plus "cools", on oserait plus et le climat d'ensemble n'en serait que plus apaisé. »

Les individus sont désireux de voir l'humour intégrer les valeurs de l'entreprise et reconnaissent à 69 % qu'il serait utile d'organiser des formations ou des sensibilisations aux bienfaits de l'humour au travail. Ils sont en attente de coaching individualisé sur leur capacité à faire preuve d'humour en situation de travail : « L'humour, c'est trop sérieux pour être pris à la légère ! »

Mais l'humour reste une catégorie large et peut prendre des formes très variées. En d'autres termes, il y a un monde entre Jean-Marie Bigard et Pierre Desproges... Quel type d'humour privilégier dans l'entreprise pour ne pas tomber « à côté de la plaque » ?

Les attentes se portent sur un humour fin et, dans le même temps, contestataire. Sont privilégiés la dérision caustique de Pierre Desproges, les clins d'œil des Guignols de l'info ou encore le militantisme de Coluche. Les parodies de scènes du quotidien sont plébiscitées (Les Guignols de l'info), alors que l'humour grivois (Jean-Marie Bigard) est très peu cité *(fig. 14)*.

Les salariés attendent des actions concrètes permettant d'instiller davantage d'humour dans le quotidien professionnel. Cela peut passer par du théâtre d'entreprise, des moments d'autodérision ou des dessins humoristiques *(fig. 15)*. Si l'humour peut être incité, on ne saurait toutefois le décréter : « L'humour c'est l'affaire de chacun, nous n'avons pas à sortir une blague toutes les trente minutes parce que la "procédure humour" le dirait. En revanche, l'entreprise peut inviter les uns et les autres à en user, mais aussi intégrer des occasions de sourire dans le temps de travail et sur le lieu du travail. »

Fig. 14 – Quel type d'humour aimeriez-vous en entreprise ?

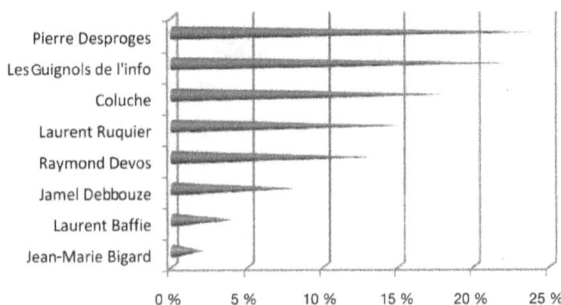

Source : Enquête « Humour au travail », 2010, Autissier D., Arnéguy E.

**Fig. 15 – Quels moyens mettre en place
pour développer l'humour en entreprise ?***

Propositions	% de réponses
Du théâtre d'entreprise	45 %
Des moments d'autodérision	39 %
Des affiches avec des dessins humoristiques	33 %
Un panneau d'affichage avec les meilleures blagues	16 %

Source : Enquête « Humour au travail », 2010, Autissier D., Arnéguy E.

* Les personnes interrogées pouvaient choisir plusieurs réponses.

Cette enquête fait donc apparaître un véritable besoin d'humour dans les relations de travail, besoin que ne satisfont guère les entreprises françaises. Qu'en est-il au-delà de nos frontières ?

À chaque pays son style d'humour

La revue *Entreprise et Carrières*[1] a publié en 2009 les résultats d'une étude internationale sur l'usage de l'humour dans le monde du travail. Son auteur, Marco Sampietro, professeur à l'université Bocconi de Milan, y explique tous les bienfaits de l'humour[2] : « Parmi les effets les plus positifs, on retrouve l'affirmation d'un leadership et l'amélioration du moral de l'équipe. Les personnes ont le sentiment que l'humour est un support plutôt qu'un obstacle à la performance d'équipe. C'est un point important à souligner auprès de managers qui, souvent, ont plutôt tendance à le brimer. »

Cette enquête a été conduite auprès de 2 000 salariés en Italie, en Allemagne, aux États-Unis, au Royaume-Uni, au Japon et en France. Elle révèle que l'humour est mobilisé et apprécié dans tous les pays. C'est le Japon qui lui accorde le moins d'importance, sans pour autant s'en désintéresser.

---

1. *Entreprise et Carrières*, n° 965, 25 août 2009.
2. Gérard L., « La communication interne traverse une passe difficile », *Entreprise et Carrières*, n° 965, 25 août 2009.

Tout ce que l'humour apporte à l'entreprise selon Marco Sampietro

Assurer une meilleure perception d'une idée ou d'un objectif.
Affirmer son leadership.
Prendre part à une discussion d'équipe.
Trouver des solutions à un problème.
Améliorer le moral d'une équipe.
Renforcer la cohésion de groupe.
Renforcer la capacité à faire accepter les changements.
Soutenir une équipe.
Motiver pour atteindre un objectif.

Chaque pays se caractérise par un modèle d'humour bien spécifique. Ainsi, on ne rit pas des mêmes choses en France et aux États-Unis. De fait, remarque Marco Sampietro, l'humour est peu utilisé dans les réunions internationales, de peur de heurter certaines sensibilités. Et s'il est un point sur lequel on ne plaisante pas ou presque, où que l'on soit, c'est la religion.

Quels traits saillants se dégagent des modèles d'humour nationaux ?

Les Italiens adorent se moquer des autres et d'eux-mêmes, avec une préférence pour les jeux de mots. Ils utilisent volontiers l'humour à connotation sexuelle. Ils aiment jouer sur les différences de genre et culturelles. Ils apprécient l'humour fondé sur des expressions physiques, comme les grimaces.

Les Français préfèrent rire des autres que d'eux-mêmes. Ils aiment les jeux de mots et s'amuser des règles sociales, ce qui les rapproche du modèle italien. Ils utilisent toutefois moins l'argot et les gros mots que leurs voisins transalpins, et rient moins des différences culturelles.

Les Allemands se moquent davantage d'eux-mêmes que des autres. Ils plébiscitent les jeux de mots. Leur humour pointe volontiers les différences entre niveaux hiérarchiques ou entre fonctions. Ils utilisent peu l'humour à connotation sexuelle et les termes grossiers ou argotiques.

Les Américains savent rire d'eux-mêmes et se moquent très peu des autres. Ils recourent souvent aux jeux de mots et, comme les Allemands, rient des différences dans le travail (de fonction, de niveau hiérarchique). Hantés par la phobie du harcèlement, ils utilisent très rarement l'humour à connotation sexuelle.

Les Britanniques sont les rois de l'autodérision. Ce sont eux qui se moquent le plus d'eux-mêmes. Ils sont adeptes des jeux de mots et rient des différences culturelles et professionnelles.

Enfin, les Japonais se moquent très rarement des autres. C'est le pays où l'humour semble le moins présent dans l'entreprise, en particulier s'agissant des différences de comportement entre fonctions ou niveaux hiérarchiques. Au Japon, on ne se moque pas de son chef et on ne fait pas de grimace au bureau – tout au moins en public ! Certaines entreprises japonaises aménagent en effet des salles où leurs employés peuvent se défouler et se moquer de leur patron en grimaçant devant son portrait.

À la lecture de ces deux enquêtes, l'une française et l'autre internationale, on voit donc se dégager un désir commun d'humour dans les relations au travail. Mais l'humour, notion universelle, prend des manifestations diverses selon la culture nationale et le profil de celui qui le pratique. L'humour d'un Japonais n'est pas celui d'un Italien ; un ouvrier ne rit pas des mêmes choses qu'un cadre ; les blagues ne sont pas les mêmes dans l'industrie et dans le monde bancaire. Il faut donc faire preuve de tact pour éviter de froisser un public qui n'a pas l'habitude de rire des mêmes sujets que soi.

L'humour est souvent synonyme de détente et de prise de recul salutaire face aux contraintes professionnelles. Mais il peut se révéler contre-productif s'il n'est pas mobilisé dans une optique humaniste. Il peut être mal interprété, voire blesser volontairement ou involontairement. Comment s'y prendre pour développer l'humour de façon pertinente dans l'entreprise ? Les exemples anglo-saxons fournissent à cet égard des illustrations intéressantes.

Observons quelques pratiques courantes au Royaume-Uni et aux États-Unis, pays où l'humour a davantage droit de cité dans l'environnement professionnel.

Quelques initiatives humoristiques du monde anglo-saxon

Faut-il voir une corrélation entre l'origine anglaise du mot « humour » (*humor*) et l'aptitude des Anglo-Saxons à mobiliser l'humour au travail ? Outre la célèbre technique de l'*ice breaking*, remarque informelle par laquelle on ouvre une réunion ou une rencontre pour « briser la glace », dans laquelle les Américains excellent, nous présenterons la technique du *lipdub* (clip vidéo que les salariés d'une entreprise interprètent en *playback*) et les exercices d'autodérision auxquels se livrent les Américains, même aux plus hautes fonctions.

Avec ou sans glace ?

Mieux on connaît une personne, plus on est susceptible de lui faire confiance et meilleure sera la relation que l'on entretiendra avec elle. On est souvent mal à l'aise face à un inconnu, en particulier si l'on s'est forgé des *a priori* à son sujet. Pour éviter les deux réactions extrêmes – et improductives – que sont l'indifférence et le conflit, nous conseillons la technique de l'*ice breaking* qui mobilise l'humour sur un registre neutre et plaisant.

Quand vous rencontrez une personne pour la première fois, quand vous réalisez un travail dans un nouvel environnement, vous vous trouvez dans des situations où vous devez créer de nouveaux liens. Plutôt que de vous enfermer dans le mutisme et de passer à côté d'un moment de vie, n'est-il pas préférable de créer les conditions d'une interaction qui ne se limitera pas à quelques codes sociaux normalisés ? L'*ice breaking* y contribue. En faisant cet effort, on se donne les moyens de mieux connaître l'autre, et par conséquent d'instaurer la confiance. Dans une conversation même superficielle fusent toujours quelques termes qui expriment les sujets de prédilection de votre interlocuteur et qui sont autant d'occasions de briser la glace : les enfants, les vacances, un livre, un film, le sport, l'actualité économique, politique ou artistique... Et n'oublions pas les incontournables que sont en France les vins, la nourriture et les restaurants ! Ils offrent autant de possibilités d'échanger. Dans la mesure où ces échanges visent à créer du lien, ils ne peuvent se dérouler que dans une logique de partage et de découverte, sans volonté de manipulation ; ils auraient sinon l'effet contraire.

La capacité à établir rapidement une relation avec ses interlocuteurs est une forme d'intelligence de situation. Peu importe le prétexte que l'on utilise pour casser l'aspect trop formel d'une rencontre. L'essentiel est de proposer un thème sur lequel l'autre pourra rebondir et exprimer son point de vue personnel. On entame ainsi un dialogue sur un autre mode que celui de la rencontre professionnelle.

Briser la glace... êtes-vous familier de cet exercice ? Pour certains, c'est presque une seconde nature. Pour d'autres, plus introvertis, c'est plutôt perdre son temps en bavardages inutiles. Pour savoir si vous relevez plutôt de la première ou de la deuxième catégorie, posez-vous la question suivante : combien de temps me faut-il pour arriver à échanger des informations personnelles avec un interlocuteur ? S'il vous faut plus de la moitié de la durée de l'échange, travaillez votre *ice breaking* !

L'actualité et l'humour sont deux registres qui permettent facilement de briser la glace. En voici quelques exemples.

> — *Avez-vous vu le dernier film de Woody Allen ? C'est une parfaite illustration du concept de liberté. Et comme toujours, il sait nous faire sourire et nous donne sa vision du monde, sur le mode « tout ce que vous avez toujours voulu savoir sur le sexe sans jamais oser le demander ».*
> — *Oui, je suis entièrement d'accord. D'ailleurs, il aborde ce thème depuis très longtemps dans ses films, de façon plus ou moins directe.*

Nul besoin d'être un cinéphile aguerri ! L'allusion à un personnage connu et largement apprécié comme Woody Allen nous parle et nous fait réagir.

– Je suis un informaticien qui a mal tourné : je suis devenu prof !

C'est par cette blague qu'un professeur d'informatique avait l'habitude de commencer son cours. Cela faisait toujours sourire les informaticiens présents dans la salle et les valorisait, tout en désacralisant l'enseignant et en le rendant plus accessible.

Le lipdub

Une autre pratique humoristique s'est répandue dans le monde anglo-saxon, le *lipdub*. Cette technique exploite le contraste entre un environnement professionnel prétendument sérieux – puisque le tournage se déroule généralement dans les bureaux – et une activité ludique, récréative. Les paroles de la chanson, pour peu qu'elles introduisent une dose d'humour et de second degré, ajoutent du sel à l'exercice. Cette pratique s'est largement développée après le succès du *lipdub* tourné par l'agence de communication américaine Connected Ventures en 2007.

En faisant participer les collaborateurs à un projet convivial et créatif, le *lipdub* renforce la cohésion d'équipe, lors d'une session de *team building* par exemple. Il peut être utilisé pour promouvoir l'image positive d'une entreprise, notamment auprès de candidats potentiels, ou d'une équipe projet.

Un *lipdub* est le plus souvent diffusé sur Internet. Vous en trouverez de nombreux exemples en ligne, qu'ils aient été réalisés par des sociétés, des écoles ou des associations. Certes, le résultat en termes de buzz n'est pas toujours à la hauteur des attentes. Mais la préparation et le tournage de la vidéo (compter une demi-journée à une journée) peuvent constituer un atelier intéressant au cours d'un séminaire. Le temps de montage est très court. Des sociétés professionnelles proposent de vous accompagner et de présenter la vidéo en fin de séminaire.

À titre d'illustration, une grande banque française souhaitait faire travailler un groupe de cadres sur des sujets complexes, dans un climat social tendu et un contexte économique difficile. En ouvrant le séminaire par une demi-journée de préparation d'un *lipdub* et en le clôturant, deux jours plus tard, par la projection de la vidéo, les dirigeants ont fait passer un message très positif : « Nous sommes capables de produire des résultats concrets ensemble et dans la bonne humeur. »

L'avenir dira si le *lipdub* est une mode éphémère ou s'il gagnera une place parmi les techniques de communication de l'entreprise. Quoi qu'il en soit – et nous verrons que cela vaut pour toute mobilisation de l'humour en entreprise –, le *lipdub* doit être manipulé avec précaution. Mal fait ou trop en décalage avec l'institution qu'il représente, il peut constituer une contre-publicité et attirer la moquerie plutôt que la connivence. Avec la vidéo qu'ils ont réalisée en 2009, largement raillée dans les médias et sur les réseaux sociaux, les jeunes de l'UMP en ont fait l'échec cuisant… Mais quand il est réussi, c'est la garantie pour l'entreprise de redorer son image et de mobiliser ses salariés.

Le buzz : un bouche-à-oreille planétaire

Le succès du *lipdub* est lié au phénomène de buzz : les vidéos les plus appréciées sont vues par le plus grand nombre, et l'entreprise y gagne en notoriété. Plus généralement, le buzz est un élément incontournable de l'humour en entreprise. On parle de buzz quand une information (photo, vidéo, article…) se diffuse très rapidement sur les blogs, les sites et les réseaux sociaux, pouvant toucher les internautes par dizaines… voire par milliers ou par millions ! C'est un peu le dernier endroit à la mode qu'il ne faut surtout pas manquer. Tout le monde va voir sur Internet telle photo ou telle vidéo avec l'espoir d'être au cœur d'un secret d'actualité, même si c'est un secret que l'on partage avec tous. Le buzz est une forme de communication massive et spontanée dont l'effet disparaît aussi vite qu'il est apparu, mais dont les retombées, positives ou négatives, peuvent être plus ou moins durables. Il est friand de situations cocasses et un

tant soit peu « racoleuses », avec ce qu'il faut d'imperti-
nence pour donner aux internautes le frisson de la transgression. Les hommes politiques en font particulièrement
les frais quand leurs conversations privées sont filmées et
diffusées sur Internet.

Une entreprise peut-elle créer un buzz pour faire parler
d'elle, en mettant en ligne une vidéo humoristique par
exemple ? L'exercice est subtil, et tout le monde ne peut
pas être l'initiateur d'un buzz. Pour être attractive, l'information doit être suffisamment surprenante et imper-
tinente. Une tentative de communication trop grossière
sera rejetée ou retournée contre son auteur. Pour avoir
du succès, le buzz doit aussi porter un message simple,
facile à retenir et à répéter : car tout le plaisir est de le
découvrir, mais aussi de le raconter à ceux qui ne l'ont
pas encore vu. Les initiateurs d'un buzz peuvent le lancer
via un réseau ou un site existant, ou par un coup d'éclat :
il faudra absolument l'avoir vu avant tout le monde. Une
fois lancé, il faut le laisser s'autoalimenter sans intervenir.

Sommes-nous victimes ou acteurs de ce phénomène ?
Dans quelle mesure certains buzz font-ils œuvre de
manipulation pour nous vanter des produits sur un mode
humoristique ? Quelle que soit la réponse, les techniques qu'emploie le buzz, en mêlant la communication,
la publicité et le lobbying, sont révélatrices des modes
de diffusion contemporains de l'information. En cela, le
buzz ne peut pas laisser les entreprises indifférentes.

L'humour américain : une bonne dose d'autodérision

Avec leur goût prononcé pour l'autodérision, les Américains ont développé des formes d'humour en situation
professionnelle qu'il nous paraît intéressant d'évoquer.
Le rituel annuel d'autodérision auquel se plie le Président américain est un exemple du genre, dont nous ne
connaissons pas d'équivalent en France. D'autres profes-
sions usent – et parfois abusent – de l'exercice, comme
les enseignants ou les consultants. Dans tous les cas, cela
permet de dédramatiser les situations et d'introduire une
connivence avec l'auditoire.

Le président des États-Unis se moque de lui-même

Depuis 1924, le chef de l'État américain se tourne en dérision à l'occasion du gala annuel des correspondants de presse de la Maison-Blanche. En 2006, par exemple, George W. Bush s'est présenté avec son sosie. Faisant référence à son faible score de popularité d'alors, il a lancé « Pourquoi ne pourrais-je pas dîner avec les 36 % de personnes qui m'aiment ? », suscitant une hilarité collective. Lors de cette manifestation, des humoristes sont traditionnellement invités pour présenter un visage décalé du Président. En 2006, l'un d'eux a évoqué « Fox News, la chaîne qui vous donne deux versions de l'histoire : celle du Président et celle du Vice-Président ». Il stigmatisait les liens entre le chef d'État et ce média. L'année précédente, le président avait fait semblant de rechercher des armes de destruction massive sous son bureau[1]...

---

1. Perronau M., « Rire au bureau : essayez, vous bosserez mieux ! », *Management*, juillet-août 2006, p. 96-99.

Barack Obama interrompu par un téléphone portable

Lors d'une conférence de presse donnée par Barack Obama, une sonnerie de téléphone portable ressemblant à s'y méprendre à un cri de canard a retenti. Plutôt que de s'en offusquer et de réprimander son propriétaire – ce à quoi on pouvait s'attendre dans ce moment formel – le président a préféré une remarque humoristique : « Je ne savais pas qu'il existait des sonneries aussi ridicules ! »

La blague introductive du professeur

C'est l'histoire de Sherlock Holmes et du docteur Watson qui partent camper. En pleine nuit, Holmes réveille Watson et lui demande ce qu'il voit. « Des millions d'étoiles, parmi lesquelles se cachent peut-être des systèmes solaires comparables au nôtre, une vie extraterrestre... » répond le docteur. Avant qu'il ne termine son monologue, Holmes le coupe : « Mais non, ne voyez-vous pas qu'on nous a volé notre tente ? »

L'autodérision du consultant[1]

Les consultants américains aiment raconter la blague suivante pour se moquer d'eux-mêmes.

C'est l'histoire d'un jeune consultant qui part en vacances en province. Il a grimpé tous les échelons pour devenir l'un des innombrables « numéros 1 » d'un grand cabinet – car la DRH arrive à leur faire croire à tous qu'ils sont numéro 1. Il part donc en vacances avec ses vêtements de marque, ses lunettes de soleil dernier cri, son cabriolet noir et, bien sûr, son indispensable ordinateur portable (qui est au consultant ce que le sabre laser est au Jedi). Le voilà sur une route de campagne, bloqué derrière un troupeau de moutons conduit par un berger. Le consultant s'offusque qu'un paysan puisse ainsi bloquer la route, lui faisant perdre quelques minutes de sa location avec piscine. Agacé, il descend de voiture, l'interpelle et lui demande s'il en a pour longtemps. « Nous partirons quand les moutons auront fini de manger l'herbe sur le bas-côté », lui répond le berger. Le consultant, excédé, se demande pourquoi il n'a pas pris l'autoroute. Il se décide à aller parler au berger. Après un court échange de politesse, il ressent l'irrépressible besoin de montrer qu'il est le meilleur et qu'il est prêt à affronter toutes les épreuves. Il lui propose un marché : « Si je découvre le nombre de moutons, est-ce que j'aurai le droit d'en prendre un ? » Le berger est d'accord. Le consultant sort son appareil photo numérique, prend des photos sous différents angles et se connecte à l'intranet de son cabinet pour que les experts en algorithmes de Chicago l'aident à déterminer la densité de moutons au mètre carré et leur nombre total. Une demi-heure plus tard, il est tout fier d'avoir sa réponse : « Il y a 107 moutons. » Le berger, fort étonné, acquiesce et l'autorise à prendre un petit mouton. « Je suis trop fort, se dit le consultant, et j'ai gagné un mouton ! » Avant de dire au revoir au consultant, le berger lui propose un nouveau marché : « Si je devine votre métier, je récupère mon mouton. » Le consultant relève le défi. Sans hésitation, le berger lance : « Vous êtes consultant. » Médusé, le consultant lui demande comment il a pu le deviner. « Pour trois raisons, explique le berger :

- vous êtes venu me voir alors que je ne vous avais rien demandé ;
- vous m'avez dit ce que je savais déjà : combien j'avais de moutons ;
- vous ne connaissez rien à mon métier car vous avez choisi un chiot et pas un mouton... »

---

1. Autissier D., *C'est n'importe quoi !*, Eyrolles, 2006.

Andrew Taylor, enseignant à la Wisconsin School of Business, utilise cette histoire pour introduire son cours sur les représentations de la réalité et les différences de perception auxquelles peut donner lieu une même situation.

La France pourrait-elle s'inspirer des Anglo-Saxons ? Les Américains sont réputés pour exceller dans l'*opening joke*, blague qui ouvre les réunions ou les discours politiques. En France, ces mêmes situations restent plus conventionnelles : l'humour n'a pas franchi les barrières de l'entreprise ni du politique. Dirions-nous des Français qu'ils sont « coincés » ? Ils ne sont, en tout cas, guère familiers de l'autodérision. La culture française accorde une grande place aux positions hiérarchiques et aux titres, ce qui crée des barrières entre les individus dans l'entreprise. De fait, l'humour est parfois perçu comme une familiarité que l'on ne peut pas se permettre. Cela ne signifie pas que la France est un pays sans humour ; disons plutôt que l'humour s'y matérialise sous d'autres formes qu'aux États-Unis. Nous plaisantons plus volontiers en dehors du travail, entre amis, en privilégiant les jeux de mots. Et pourtant, nous sommes avides d'humour dans les relations professionnelles. Comment résoudre ce paradoxe ? Comment faire entrer l'humour par la grande porte de l'entreprise ?

Chapitre 2

Les pratiques d'humour
en entreprise

« L'humour est dans tous les détails du quotidien, il nous
surprend et nous adoucit. C'est un mot, une situation,
une image, une grimace, une chanson, etc. »
Témoignage d'un anonyme

Il n'y a pas de raison que l'humour s'arrête au seuil de
l'entreprise. Il est vrai que l'environnement professionnel
tend à s'opposer au plaisir et aux moments ludiques. Le
contrôle, le contrat, les obligations et la hiérarchie sont
très souvent perçus comme des caractéristiques structu-
rantes et dominantes dans la relation de travail. L'entreprise serait le monde de la rationalité et de l'ordre, par
opposition à d'autres sphères plus libres et créatives.
Or, cette distinction, si elle peut en rassurer certains, n'a
aucun fondement. Nous ne sommes pas alternativement
rationnels ou irrationnels, sérieux ou ludiques, créatifs
ou obéissants en fonction des lieux où nous nous expri-
mons, mais en fonction des situations qui se présentent.
La sphère personnelle a besoin de sérieux, tout comme
la sphère professionnelle a besoin de ludique.

Les résultats de l'enquête présentée dans le chapitre
précédent ont révélé un paradoxe entre un fort désir
d'humour en entreprise et une faiblesse des pratiques.
Nous relaterons ici les entretiens que nous avons menés
avec des managers, qui nous ont permis de dresser un
panorama des pratiques d'humour dans les entreprises
et de distinguer douze manifestations de l'humour.
Nous verrons que ces manifestations se développent de
manière unique ou combinée à trois niveaux : la culture

d'entreprise, les environnements de travail et le comportement des individus. Il en ressortira une première définition opérationnelle de l'humour en entreprise.

Les douze manifestations de l'humour

Comment se matérialise le sens de l'humour dans l'entreprise ? À quels moments les salariés font-ils de l'humour ? Douze formes d'humour sont ressorties de notre travail d'investigation :

- les blagues ;
- les jeux de mots ;
- les dessins ;
- les affiches ;
- le théâtre d'entreprise ;
- les gadgets et objets ;
- les jeux en réunion ;
- les films ;
- les imitations et parodies ;
- les espaces dédiés ;
- les shows comiques ;
- les canulars.

On peut classer ces manifestations selon deux axes : individuel/collectif et occasionnel/permanent. Sont collectives les formes d'humour qui s'adressent à tout ou partie de l'entreprise : diffusion d'une affiche, d'un gadget… Sont individuelles celles qui sont partagées entre deux personnes ou un très petit cercle. Par ailleurs, certaines formes d'humour ont un caractère régulier et permanent, comme le fait de disposer « d'espaces de décompression » placés sous le signe de l'humour. À l'inverse, d'autres manifestations sont ponctuelles et conjoncturelles, comme l'interprétation de saynètes d'autoparodie sur le fonctionnement de l'entreprise ou du service.

Les blagues

Les blagues sont probablement la forme d'humour la plus développée. Elles viennent le plus souvent de l'extérieur de l'entreprise, mais peuvent s'appliquer à des situations de travail. Ainsi, celui qui les raconte ne s'implique pas directement dans une critique de l'organisation. Une blague, c'est un moment de respiration et de détente. Elle permet au conteur de capter l'attention de son entourage. Et tout, ou presque, y est prétexte : l'actualité, le sexe, le genre... Selon le public et sa sensibilité, certaines blagues s'avèrent plus ou moins appropriées. Les Anglais raffolent par exemple d'histoires sur les Français. Racontées à un Français, elles peuvent être soit valorisantes, soit blessantes. Prenons par exemple les deux blagues suivantes.

> *Savez-vous à quoi on reconnaît les Français ? Ce sont les seuls qui parlent de vin et de nourriture en mangeant !*
> *Les Français sont comme leur emblème, le coq : ils sont toujours en train de chanter, mais parfois les pieds dans le fumier.*

Certaines blagues sont si connues et répandues qu'elles font partie de l'imaginaire commun. Elles sont éminemment fédératrices. On a à peine besoin de les terminer, car l'auditeur comprend immédiatement l'allusion. Cela crée une connivence tacite entre les interlocuteurs.

> *C'est comme la blague du type qui tombe du vingtième étage !*

... Et chacun aura compris que c'est l'histoire du type qui tombe du vingtième étage et qui se dit, en passant devant le dixième étage : « Jusqu'ici tout va bien. »

Voici quelques exemples de blagues qui s'appliquent particulièrement au monde de l'entreprise.

> *Au travail, chaque semaine, je donne 100 % de moi-même : 10 % le lundi, 42 % le mardi, 18 % le mercredi, 25 % le jeudi et 5 % le vendredi.*
>
> *Suggestion à la direction. Objet : suppression de la climatisation. Il est possible de faire de substantielles économies en supprimant la climatisation de l'entreprise. Il suffit de mettre d'un côté du bâtiment tous ceux qui brassent de l'air, et de l'autre tous ceux qui nous le pompent.*

Dans un séminaire, un consultant en optimisation de processus métier conclut sa présentation en disant : « N'utilisez surtout pas ces techniques à la maison ! » Un participant lui demande pourquoi. Le consultant lui explique que, pendant des années, il a vu sa femme mettre la table du petit déjeuner en faisant de nombreux allers-retours entre la table, le frigo, le buffet... Un jour, il lui a suggéré d'apporter plusieurs choses en même temps, pour gagner du temps. « Moralité, au lieu de perdre vingt minutes pendant qu'elle prépare le petit déjeuner, je passe dix minutes à le faire moi-même tous les matins ! »

Un homme d'affaires qui vient de signer un gros contrat prend quelques jours de congé dans une station balnéaire exotique. Allongé sur la plage, il voit un pêcheur qui fait la sieste. Il va le voir.

— Vous pourriez reprendre votre bateau et faire une deuxième pêche.
— Mais pour quoi faire ?
— Pour gagner plus d'argent et investir dans de nouveaux bateaux.
— Mais pour quoi faire ?
— Pour être un leader de votre marché et intégrer toute la chaîne de valeur, du poisson frais au plat préparé.
— Mais pour quoi faire ?
— Pour être riche et reconnu.
— Mais pour quoi faire ?
— Pour vous payer des vacances sur une plage de rêve une fois par an.
— Mais j'y suis toute l'année sur cette plage de rêve, et sans me fatiguer !

Le bon mot, la bonne expression, le jeu de mots

Une formule « qui fait mouche » donne l'avantage à son auteur en ridiculisant les propos de son interlocuteur – ou plutôt de son adversaire. Citons une repartie du célèbre corsaire malouin Surcouf à un amiral anglais.

— Vous les Français, vous vous battez pour l'argent alors que nous les Anglais, nous nous battons pour l'honneur.
— Vous savez, on se bat pour ce qu'on a le moins !

Les formules chocs font sourire car elles remettent les choses à leur place. Elles sont supposées dire la vérité et s'opposent à la « langue de bois » et aux propos policés. En revanche, elles ne souffrent pas la médiocrité. Faire un bon mot qui tombe à plat, c'est risquer d'avoir à assumer la réputation d'être « lourd »…

La politique, où chaque mot est calculé et où la langue de bois est courante, constitue un terrain propice aux formules chocs. Rappelons le mot de Georges Marchais, alors chef du Parti communiste, à des journalistes qui lui reprochaient de ne pas répondre à leurs questions.

> *Messieurs les journalistes, vous venez avec vos questions et moi avec mes réponses !*

Un bon mot ou une expression choc est imparable ; en quelques mots, tout est dit. Les humoristes sont friands de ces formules qui créent la surprise tout en énonçant une vérité et en interrogeant leur auditoire. Coluche, avec sa noirceur habituelle, racontait l'histoire suivante.

> *Dieu a dit : « Il y aura des hommes blancs, il y aura des hommes noirs, il y aura des hommes jaunes, il y aura des hommes grands, il y aura des hommes petits, il y aura des hommes beaux, il y aura des hommes moches et tous seront égaux, mais ça ne sera pas facile. » Et puis il a dit : « Il y en aura même qui seront noirs, petits et moches, et pour eux ça sera très dur. »*

Même si une formule s'appliquait initialement à une situation particulière, elle peut être reprise pour illustrer des contextes similaires. Elle devient alors un *gimmick*. Dans les années 1960, Fernand Reynaud excellait dans ce registre. Dans chacun de ses sketchs, une phrase clé revenait et suscitait à chaque fois le rire.

> *Ça eut payé !*

Il illustrait par ce *gimmick* l'attitude plus que pudique du monde paysan face à l'argent. La formule est aujourd'hui entrée dans le langage courant.

> *On ne nous dit pas tout !*

L'humoriste Anne Roumanoff a créé un personnage de « café du commerce » qui commente la politique avec des raccourcis à première vue idiots, mais qui aboutissent à des conclusions souvent fondées. Chaque sketch se termine par l'antienne « on ne nous dit pas tout », qui crée une forme de dialogue avec l'auditoire et dédramatise, sous couvert d'humour, la situation qui vient d'être dénoncée.

Un bon mot est accessible à tous, et c'est toute sa force. À la différence du dessin d'humour, pas besoin de maîtriser de technique particulière pour lancer une phrase choc ! Celle-ci peut prendre différentes formes : une simple expression, un jeu de mots, une onomatopée (« bling bling » pour quelqu'un qui affiche des signes de richesse) ou un calembour, c'est-à-dire un jeu de mots fondé sur l'homonymie ou l'homophonie.

> *« On s'enlace, puis un jour on s'en lasse, c'est l'amour… »*
> *(Victorien Sardou).*

Les jeux de mots sont des traits d'esprit qui séduisent autant par la forme que par le fond.

> *« Face au monde qui change, il vaut mieux penser le change-ment que changer le pansement » (Francis Blanche).*

Dans une entreprise, un responsable de service avait l'habitude de ponctuer ses interventions par la formule « comparaison n'est pas raison ». Elle faisait sourire, mais elle transmettait aussi un message sur la disposition d'esprit de son auteur. Parfois, une expression est une pure signature rhétorique. Claude Nougaro racontait ainsi qu'en tant que Toulousain, « putain » était son point, « con » sa virgule et « putain con » son point-virgule !

Dans leur ouvrage *Le Management des hommes en citations*[1], Luc Boyer et Romain Bureau proposent de

---

1. Boyer L., Bureau R., *Le Management des hommes en citations. 650 cita-tions d'Allais à Yourcenar*, Éditions d'Organisation, 2000.

nombreuses phrases clés susceptibles d'interpeller les managers. Morceaux choisis…

> *« Certains sentent la pluie à l'avance, d'autres se contentent d'être mouillés »* (Henry Miller).
>
> *« Il y a plein de managers qui ont pris leur retraite au travail »* (Peter Drucker).
>
> *« L'homme ne s'adapte pas à la réalité, il l'adapte à lui »* (Jacques Lacan).

Les dessins humoristiques

Pour de nombreux habitués du quotidien *Le Monde,* la lecture d'un numéro commence invariablement par le dessin de Plantu, en première page, qui illustre un point d'actualité de façon décalée. L'entreprise est un terreau de créativité fertile pour les dessinateurs. Gaston Lagaffe, célèbre personnage imaginé par Franquin, est ainsi le digne représentant du salarié paresseux. Il ne cesse de surprendre son chef, ses collègues et ses clients par l'ingéniosité qu'il déploie à ne pas travailler – et ce depuis 1960 – donnant lieu à des situations souvent hilarantes. Toutefois, le décalage est tel avec la réalité du monde du travail qu'il nous est parfois difficile de nous reconnaître dans ces situations.

Aujourd'hui, les entreprises recourent de plus en plus souvent à des dessinateurs pour illustrer leurs publications, notamment leurs supports de communication institutionnelle. Le dessinateur Gabs a publié de nombreux ouvrages qui se déroulent dans le monde de l'entreprise, alors que Tesson dessine en direct pendant des séminaires. Tous deux utilisent l'humour pour pointer des dysfonctionnements et ouvrir le débat. Les personnages qu'ils mettent en scène se trouvent souvent dans des situations paradoxales, cyniques ou tout simplement absurdes, dont la dimension burlesque « parle » aux gens. Chacun peut s'y identifier ou reconnaître une personne qu'il connaît.

Le dessin est un vecteur d'humour intéressant car il met en scène le quotidien d'une manière tout à la fois distanciée et proche du quotidien des salariés. Il exprime ce qu'on ne se permet pas de dire d'habitude. Les dessinateurs transforment des réalités complexes en vérités simples dont la dimension humoristique transmet une critique sous-jacente. Un patron n'acceptera pas de s'entendre dire qu'il est un tyran. En revanche, il pourra être sensible à un dessin sur la tyrannie du management, qui le conduira à s'interroger sur son style de commandement et sur ses relations avec ses collègues et subordonnés.

Le dessin présente l'intérêt de se diffuser aisément. Il peut être inséré dans des publications, des documents, des mails, etc. Lorsqu'il est affiché dans les lieux de travail, il participe d'une ergonomie globale et témoigne de la culture de l'entreprise. Il acquiert une valeur symbolique, incarne des valeurs et donne du sens à ce que les individus vivent au quotidien.

La conduite du changement et ses paradoxes… comment mieux les illustrer que ce dessin de Gabs ?

La présence de la voiture projette dans l'action et permet d'identifier deux fonctions : le pilote et le copilote, qui tiennent des propos contradictoires. L'un s'interroge sur la destination finale, l'autre se focalise sur la façon de prendre le prochain virage… deux attitudes que nous avons tous le sentiment d'avoir rencontré dans les projets de grande ampleur. Le dessin nous dit que ces comportements sont légitimes et qu'il faut apprendre à gérer les paradoxes induits par le changement.

ON ME DEMANDE DE CHANGER POUR M'ADAPTER À DE NOUVELLES CONDITIONS, MAIS UNE FOIS QUE J'AURAI CHANGÉ, JE CRAINS QU'IL Y AIT ENCORE DE NOUVELLES CONDITIONS AUXQUELLES ON ME DEMANDERA À NOUVEAU DE M'ADAPTER…

1ère À DROITE !

GABS

Tout le monde n'a pas de tels talents de dessinateur… Heureusement, il existe des bibliothèques de dessins où l'on peut choisir – en respectant les règles du droit d'auteur – celui qui illustre le mieux la situation que rencontre son entreprise ou son équipe. Par ailleurs, quand des dessinateurs interviennent à l'occasion d'une réunion ou d'un séminaire pour croquer les propos et les situations sur le vif, ils produisent une collection de dessins que l'entreprise pourra réutiliser dans ses actions de communication interne ou externe.

Les affiches

Que ce soit pour la communication interne ou externe, les affiches constituent un support d'humour intéressant, tout en délivrant un message de management. Mêlant en général du texte et des dessins, elles attirent l'attention sur tel ou tel sujet de façon non péremptoire, sous la forme d'un clin d'œil. Elles sont également utiles pour décorer des espaces de travail parfois tristes et désincarnés.

Fig. 16 – Une affiche pour valoriser la DSI

Le théâtre d'entreprise

Comment aborder avec ses collaborateurs des sujets très délicats, qui exacerbent les tensions et qu'une blague ne suffirait pas à désamorcer – voire pourrait envenimer ? Certaines situations sont à ce point tendues qu'elles nécessitent l'intervention d'un médiateur. C'est le rôle que remplit, avec humour, le théâtre d'entreprise : des comédiens professionnels interprètent pour les salariés des scènes humoristiques illustrant les problèmes que rencontre l'organisation. Malgré l'apparence comique, les sujets abordés sont lourds : le stress, le *burn out*, un déménagement, la mise en place d'un management par les processus, la mobilisation des équipes autour d'un projet éloigné de leur cœur de métier... C'est aussi l'occasion d'évoquer des sujets qui dépassent le strict cadre professionnel et touchent à l'intime. Par exemple, il est extrêmement difficile pour un manager d'aborder un problème d'alcoolisme avec un collaborateur. Le théâtre d'entreprise peut aider à mettre ce sujet « sur la table », sans culpabiliser les salariés, et à ouvrir le dialogue. Dans un autre domaine, les salariés qui s'opposent à un projet de déménagement sont souvent motivés par des raisons extra-professionnelles : on a ses habitudes dans le petit restaurant au coin de la rue... Les saynètes portent au jour, sans agressivité, la mauvaise foi de certains arguments.

Il est de plus en plus courant de ponctuer la présentation de grands projets d'entreprise par une pièce de théâtre ou des saynètes interprétées par des professionnels, avec parfois le concours de membres de la direction générale. Ces moments d'humour contribuent à dédramatiser une situation complexe et à faire passer des messages forts, le tout en divertissant. Ces actions de communication restent gravées dans la mémoire collective. Certains récalcitrants les critiqueront, bien sûr, mais leur effet positif prendra le dessus dans l'esprit de chacun.

Autre forme d'intervention proche : le théâtre invisible, qui consiste à faire intervenir des comédiens répartis dans l'assemblée. L'auditoire, pris par surprise, ne sait plus à quoi s'en tenir : s'agit-il d'acteurs ou de « vrais » participants du séminaire ? Imaginez une convention très formelle qui serait ponctuée par les répliques d'un hurluberlu ou par l'intervention d'un inspecteur de police tentant de démasquer le coupable d'un crime… L'événement théâtral est scénarisé par avance, mais tout l'art des comédiens est d'interagir avec le public et d'entretenir le doute. À la fin, chaque acteur se dévoile et l'artifice est révélé.

Quiconque organise un séminaire, une convention ou tout autre événement se demande comment faire en sorte que les participants en partent satisfaits. La solution est « simple » : ils doivent y trouver des réponses à leurs questions. Il faut donc leur transmettre des idées fortes. En détendant l'atmosphère et en captant leur attention grâce à un effet de surprise, le théâtre invisible rend les participants plus disponibles à recevoir ce message.

Les objets

Qui n'a jamais eu envie de mettre sur son bureau un personnage rigolo, un ballon antistress, un Rubik's Cube personnalisé ou un autre objet qui fait sourire ? Prenons le cas de la « roulette de la décision » qui se propose de nous aider à réagir face à une situation difficile *(fig. 17)*. Le curseur indique diverses solutions… à vous d'en juger la pertinence :

- appelez votre mère ;
- achetez ;
- vendez ;
- foncez ;
- non ;
- priez ;
- oui ;
- peut-être ;
- allumez quelqu'un.

En utilisant cette roulette pendant une réunion, on montrera qu'on sait rire de sa propre incapacité à décider et on mettra à l'aise les participants. Ce

Fig. 17 – **La roulette de la décision**

© Ioan Paul Chiriac – Fotolia.com

petit objet apporte un peu de fantaisie, introduit du décalage et aide à prendre du recul.

On résiste difficilement à la tentation de se saisir d'un
Rubik's Cube personnalisé ou d'une Magic Can posée sur
un bureau (cannette qui, en dépliant et se repliant, offre
diverses associations de mots et d'images). Ces objets
sont donc des moyens de communication efficaces. Utilisés en groupe, ils introduisent des moments de détente
et d'humour bienvenus.

Fig. 18 – le Rubik's Cube personnalisé

Fig. 19 – La Magic Can

Les jeux en réunion

Les occasions ne manquent pas d'être sérieux en entreprise ! C'est particulièrement le cas pendant les réunions de travail : chacun s'efforce de se montrer sous son meilleur jour, d'apporter une contribution innovante, mais sans trop contredire l'avis dominant... En d'autres termes, chacun se plie aux règles explicites ou implicites de la réunion. Certaines pratiques ludiques informelles se prêtent bien à ces situations car elles reposent elles aussi sur des règles partagées, celles du jeu.

Dans le milieu du journalisme, un jeu très prisé consiste à utiliser, dans un article ou une intervention télévisée, un mot choisi au préalable par un tiers pour son caractère hors propos. Le risque d'être démasqué attire les joueurs. Une compétition s'installe, et la difficulté s'accroît au fil des épreuves. Cela crée une tension positive qui aide le journaliste à ne pas penser au véritable objet de son stress : la prise de parole en public ou l'angoisse de la page blanche.

Le jeu N'importe quoi ![1] dénonce avec humour des situations absurdes et cocasses du quotidien des entreprises. Il invite les salariés à brandir un carton jaune sur lequel

Fig. 20 – Porte Nawak ! ou le carton jaune

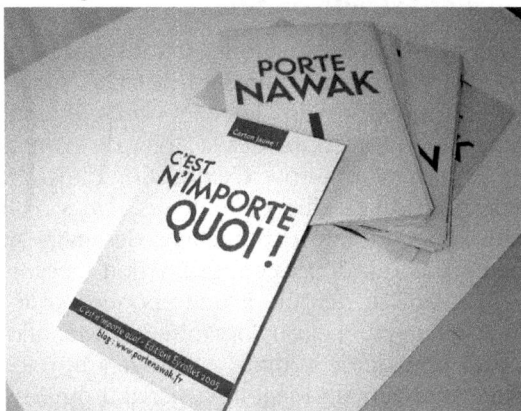

---

1. Autissier D., *C'est n'importe quoi !, op. cit.*

est écrit « Porte Nawak ! » chaque fois qu'ils sont confrontés à une situation insensée. C'est une façon de rappeler que la perte de sens au travail est un facteur majeur de démotivation.

Dans le même esprit, citons le jeu Foutaise ! inspiré du loto. Les participants remplissent une grille de mots au cours d'une réunion ou d'une formation : chaque fois qu'un de ces mots (en général jargonneux ou prétentieux) est prononcé, il faut le barrer. Dès qu'une ligne ou une colonne est remplie, le participant lance un « foutaise ! » tonitruant. Attention, ce jeu n'est drôle qu'à condition que ceux qui assistent à la réunion en connaissent les règles ! Sinon, on risque surtout de vexer l'orateur... On trouve sur Internet des vidéos célèbres illustrant ce jeu, avec notamment des étudiants du Massachusetts Institute of Technology (MIT) lors d'un discours du vice-président Al Gore en 1996.

Si des salariés jouent à Foutaise ! pendant la présentation formelle d'un dirigeant qui se trouve être filmée, l'entreprise peut s'en servir pour valoriser la convivialité de son ambiance de travail. On a vu IBM utiliser ce type d'autodérision dans une publicité.

Les films et extraits de films

Le cinéma est friand de situations humoristiques, cocasses ou absurdes, de reparties qui font mouche. Ce support est rarement mobilisé dans les entreprises. Pourtant, on peut facilement construire des actions de communication ou de formation autour d'extraits de films. Prenons le célèbre film de Charlie Chaplin *Les Temps modernes* (1936). Le comique s'y exprime par des gags simples mais percutants qui dénoncent une vision mécaniste du travail. L'histoire se déroule à une époque où le taylorisme battait son plein et où l'organisation scientifique du travail était considérée comme un progrès et une étape supplémentaire vers un idéal managérial. L'ouvrier Charlot se laisse progressivement prendre – physiquement – dans les rouages implacables de sa machine. Aux prises avec un outil de travail déshumanisé, il devient lui-même une sorte de robot qui effectue des actes insensés. Ces gags font rire, mais font aussi réfléchir sur les limites de l'automatisation et sur la dimension humaine qu'il faut préserver dans la production et le travail.

Le cinéma regorge de situations qui tournent en dérision le fonctionnement des entreprises. Citons notamment l'un des premiers films de Cédric Klapisch, *Riens du tout* (1992) ou *Le Placard* de Francis Weber (2001).

La parodie

Nous avons tous, un jour, imité de façon caricaturale un supérieur ou un collègue. Défoulement assuré ! Sous couvert du rire, la parodie révèle des comportements ou situations ridicules. On trouve par exemple, sur le site de Brother & Brother[1], une multitude de scènes parodiques dans lesquelles les entreprises peuvent se reconnaître. Les salariés le plébiscitent. Jean-Michel Hua, créateur du site, y voit bien autre chose que de la méchanceté gratuite : « Ces saynètes montrent le côté absurde de certaines situations avec beaucoup de cynisme. Le site a connu un grand succès auprès des salariés qui ont pu rire d'eux-mêmes et du fonctionnement de leur entreprise. » Car on accepte plus facilement d'être critiqué *via* une parodie que de manière franche et directe.

Les espaces dédiés

Dans certaines entreprises, les espaces de détente (salles de repos, cafétérias) sont conçus pour être des lieux propices à l'humour. Aux murs sont affichés des blagues ou des dessins humoristiques. Comme cette société de conseil qui avait détourné la carte de France d'*Astérix et Obélix* en se présentant comme le petit village gaulois envahi par les grands cabinets anglo-saxons… Mais attention, lorsque l'affichage est libre, il faut imposer des règles de bienséance, la première d'entre elles étant de ne pas s'attaquer aux personnes.

---

1. http://brother.blogs.com

Pourquoi ne pas imaginer dans votre entreprise un « espace humour » où seraient mis à disposition des vidéos, des blagues, des dessins… ?

Le show comique

La sempiternelle convention annuelle où l'on aborde toujours les mêmes sujets, l'éternelle présentation des vœux… Les salariés se plaignent souvent du caractère répétitif de ces « rites ». Il n'est pas inutile d'y intégrer une dose d'humour. C'est l'occasion de surprendre l'auditoire et, ce faisant, d'attirer son attention. Lors d'une convention, des acteurs ou des salariés peuvent jouer une scène très humoristique, voire décapante. Si le public est fourni, l'événement prend des allures de show. Ce moment doit s'enchaîner habilement avec les autres séquences. Il est recommandé de le placer avant un repas ou une pause, ou en fin de journée. Surtout, il faut bien le préparer : une intervention qui ne serait pas très drôle ou qui tomberait « à côté » écornerait avant tout l'image de ses instigateurs.

Voici une illustration du show comique.

Le Chippendale

Un dirigeant qui avait une petite carrure était surnommé « le Gringalet » par ses salariés. « Notre image ne nous appartient pas, en revanche nous devons la connaître et savoir l'utiliser », avait-il affirmé dans une interview. L'histoire prouve qu'il a su mettre sa devise en pratique. Pendant la présentation d'un projet d'entreprise intitulé « Musclons notre réseau commercial », il a fait défiler, juste avant son intervention, des Chippendales qui portaient un masque de son visage. Son exposé débutait ainsi : « Tout le monde peut paraître fort et musclé. Si je peux l'être, notre réseau commercial le deviendra. » Le clin d'œil et la capacité d'autodérision du dirigeant ont été appréciés par tous ; son image a évolué positivement.

Le canular

En 2006, deux jeunes polytechniciens, Benjamin Fremaux et Clémentine Marcovici[1], présentent leur projet de mémoire devant une commission de l'École des Mines. Ils y évoquent une nouvelle théorie de management, le *strategic alignment*, qui aurait été inventée à Harvard. Leur argumentation repose sur de nombreuses études chiffrées, des recherches académiques et même le cas d'une entreprise ayant testé cette théorie. Le jury manifeste un intérêt réel. Il valide le projet, et certains de ses membres (issus de grands cabinets de conseil) font ensuite la promotion de cette théorie. En réalité, tout est faux. Le canular a parfaitement fonctionné. C'était une belle manière de montrer à ceux qui se targuaient de pseudo-connaissances et se gargarisaient de mots à la mode qu'il ne fallait pas confondre le fond et la forme. Est-ce son sens de l'humour qui a valu à Benjamin Fremaux d'être nommé directeur de la stratégie d'Areva en 2011 ?

Les douze manifestations que nous venons de détailler constituent une première définition des pratiques d'humour dans le monde professionnel. Mais l'humour prend toute sa saveur dans un contexte donné avec lequel il introduit un décalage, au regard de circonstances ou de situations précises qu'il parodie ou dont il se moque. Cela nous conduit à nous interroger sur les espaces privilégiés de l'humour en entreprise.

Les trois espaces de l'entreprise où se réalise l'humour

Dans le cadre de notre recherche, nous avons posé les questions suivantes à une centaine de personnes : quels espaces de manifestation de l'humour souhaiteriez-vous voir se développer dans l'environnement professionnel ? Lesquels vous paraissent les plus faciles à mettre en œuvre et lesquels sont présents naturellement dans l'entreprise ?

---

1. Cité par Verdo Y., « Benjamin Fremaux stratège d'Areva », *Les Échos*, 15 février 2011.

Les réponses ont permis d'identifier trois « espaces » où intervenaient les pratiques d'humour :

- le comportement des individus et le recours à l'humour dans les relations professionnelles : avec les collègues, les responsables hiérarchiques directs et indirects, la direction ;
- un environnement de travail de proximité comportant des marques d'humour : affiches, gadgets amusants, photos, dessins, espaces intranet dédiés à l'humour, moments d'humour dans les réunions et séminaires ;
- une culture d'entreprise où l'humour joue un rôle important et revendiqué : sens de l'humour dans les communications internes et externes, les événements, les actions de team building ; plus généralement, place donnée à l'humour par la direction générale ou la RH.

S'agissant des espaces d'humour qu'elles aimeraient voir se développer, les personnes ont placé en tête l'environnement de travail. Une majorité affirme être en attente d'humour, ce dernier jouant un rôle positif dans les relations professionnelles et favorisant le bien-être au travail. Toutefois, les salariés reconnaissent combien il est difficile de développer l'humour dans leur entreprise : « Il y a des

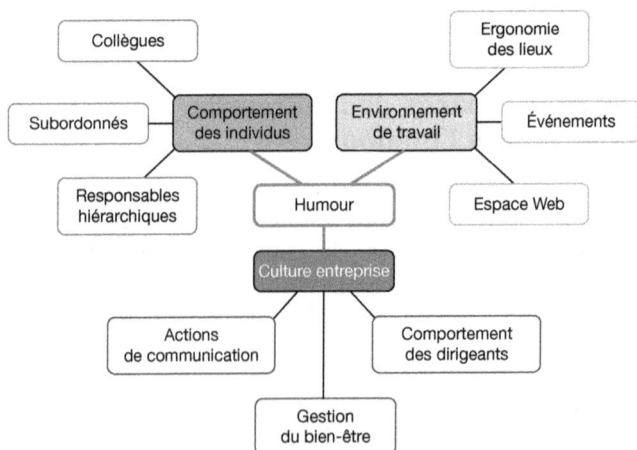

Fig. 21 – Les espaces d'humour au travail

personnes qui ont de l'humour et d'autres pas ; il est très difficile de faire évoluer les personnes et encore moins les manières de se parler et de se comporter. Je ne me vois pas aller raconter une blague à mon chef et encore moins à mon n+2, je risque de passer pour un clown ! »

Le modèle que nous venons d'identifier autour des trois pôles que sont l'individu, l'environnement de travail et la culture d'entreprise peut servir de base à une grille

Fig. 22 – Mesurer l'humour dans l'entreprise, trame de questionnaire

		Oui	Non
Comportement des individus	Vos collègues savent-ils mobiliser l'humour dans leurs relations au quotidien ?	×	
	Les membres de votre équipe savent-ils mobiliser l'humour dans leurs relations au quotidien ?		×
	Vos responsables savent-ils mobiliser l'humour ?		×
	Taux d'humour comportemental	33 %	
Environnement de travail	Votre environnement de travail de proximité (bureaux, salles de réunion, lieux collectifs) comporte-t-il des marques d'humour (dessins, affiches, etc.) ?		×
	Des événements humoristiques sont-ils organisés régulièrement au sein de votre entité ?		×
	Les espaces Web (intranet, extranet, e-mails, réseaux sociaux...) comportent-ils des marques d'humour ?	×	
	Taux d'humour environnemental	33 %	
Culture d'entreprise	Y a-t-il des traits d'humour dans les documents de communication interne (*newsletter*, magazine interne, Web TV, intranet...) ?		×
	Les principaux dirigeants savent-ils faire preuve d'humour et utiliser l'humour dans leurs événements ?		×
	La gestion du bien-être est-il une des préoccupations de votre entreprise ?		×
	Taux d'humour culturel	0 %	
	TAUX D'HUMOUR GLOBAL	22 %	

d'appréciation du degré auquel l'humour est diffusé dans l'entreprise.

De cette évaluation du « taux d'humour » se dégagent quatre types d'entreprises :
- l'entreprise « coincée » (taux inférieur à 25 %), qui mobilise très peu l'humour ;
- l'entreprise « déridée », qui commence à engager quelques actions de promotion de l'humour sans en faire une priorité ni un élément structurant ;
- l'entreprise « détendue », qui est sur la voie du bien-être et de l'humour en déployant des actions de manière structurée et avec la volonté d'en faire une priorité ;
- l'entreprise « joyeuse », qui mobilise et utilise l'humour pour développer le bien-être et le plaisir au travail.

Histoires d'humour en entreprise

À travers quatre histoires d'entreprises, nous vous proposons de voir comment naît, se développe et évolue une situation d'humour. Dans des contextes très différents, ces histoires vraies, rapportées par des chercheurs dans des revues internationales, illustrent le rôle et les limites de l'humour en entreprise. En les mettant en parallèle, nous pouvons mieux appréhender les éléments qu'une organisation doit prendre en compte quand elle désire lancer un projet d'humour.

La première histoire se déroule dans les cuisines d'un hôtel haut de gamme. Elle est révélatrice de ce qu'est l'humour au travail pour la plupart des salariés : un savant dosage d'anecdotes, de piques, de jeux de mots et de traits d'esprits entre collègues et avec les supérieurs. La deuxième histoire retrace ce que pourrait être le cauchemar de tout PDG dont les salariés – plus précisément les représentants du personnel – usent d'humour à son égard. Avec la troisième, nous retournons dans les cuisines d'un hôtel où l'humour aide les salariés à infléchir une décision de leur supérieur. Enfin, nous verrons comment l'humour peut constituer une défense des salariés face à des injonctions paradoxales.

Quatre histoires vraies...

Dans la cuisine d'un hôtel : l'humour entre collègues pour faire respecter les règles tacites du groupe[1]

Owen Lynch, professeur américain d'anthropologie, a mené une étude pendant un an sur les cuisines d'un hôtel où il était employé comme cuisinier. Dans cette équipe de vingt personnes, l'essentiel des discussions, des plaisanteries ou des moqueries porte sur le travail ou sur les loisirs – mais jamais sur la vie privée. Il arrive que deux cuisiniers abordent des questions privées, mais uniquement en tête à tête. Un jour, un cuisinier lance une pique au sujet d'un collègue : « S'il travaille si tard, c'est qu'il n'a pas envie de rentrer voir sa femme ! » La plaisanterie amuse le groupe, mais l'un des employés ne peut s'empêcher de faire une remarque : « Rire de la femme de quelqu'un ou de sa vie privée, cela ne se fait pas. » L'auteur de la blague doit s'en excuser auprès du groupe – qui avait pourtant ri.

Par ailleurs, le fonctionnement de cette cuisine repose sur la solidarité : un cuisinier, s'il a quelques minutes de répit, n'hésite pas à donner un coup de main à ses collègues. Pourtant, l'un des cuisiniers, Mitchell, ne le fait jamais. Il est même rarement à son poste : lorsqu'une commande arrive, un autre cuisinier doit la prendre à sa place.

Un jour, pendant que Mitchell prend une pause, probablement pour boire une bière, les cuisiniers placent devant son poste un *Bud bowl* géant (gadget publicitaire que diffuse la marque de bière Budweiser à l'occasion du tournoi du Super Bowl). C'est une façon de lui dire qu'il s'accorde trop de répit.

En quelques minutes, chacun des employés habille le *Bud bowl* géant à sa façon : en lui ajoutant une étiquette au nom de Mitchell, en le munissant d'un sandwich, d'un téléphone, d'une cigarette... autant d'activités que le cuisinier s'accorde durant ses pauses. De retour à son poste, Mitchell est accueilli par des plaisanteries. Dès lors, il est régulièrement appelé « *the Bud man* » (« l'Homme Bud ») par ses collègues. Par ce trait d'humour, ils lui rappellent de façon détournée les normes du

---

1. Lynch O., « Cooking with humour: In-group humor as social organization », *Humor: International Journal of Humor Research*, vol. 23, n° 2, 2010, p. 127-159.

.../...

…/…

groupe. Dans les mois qui suivent, Mitchell modifie d'ailleurs son comportement pour se conformer à la règle tacite de solidarité de la cuisine.

Fig. 23 – Le Bud bowl[1]

Owen Lynch relate un entretien très éclairant avec Mitchell.

– Tu te souviens du jour où ils ont mis le *Bud bowl* à ta place ?

– Oui, comment je pourrais l'oublier ! Ils m'ont taquiné pendant longtemps avec cette histoire, et ça a été le pire. Tu es au courant de toutes les difficultés auxquelles je faisais face… Alors que c'étaient mes collègues, ils m'ont ridiculisé devant tout le monde. Ce n'était pas correct.

– C'est comme ça que ça marche en cuisine…

– Là, c'était différent. On peut se moquer de moi parce que je coupe mal les légumes ou dire que mes steaks sont des semelles, mais on ne peut pas me ridiculiser devant tout le monde. En tout cas, j'y ai pensé pendant longtemps.

– Cela a affecté ton travail ?

– Bien sûr. Cela a eu un impact sur tout. Je ne pouvais plus sortir prendre une bière sans me faire appeler « *Bud man* » ou quelque chose dans le genre ! *Il rit.* Il faut les prendre et les aimer comme ils sont, tu sais ce que c'est… Mais ça m'a marqué pendant longtemps. Cela dit, j'ai commencé à travailler plus, à mieux faire, pour qu'ils ne soient plus tout le temps sur mon dos. J'ai réalisé que, du coup, ils se moquaient moins de moi et étaient plus gentils. Même le chef était plus sympa, et pourtant tu sais combien il s'en prenait à moi !

---

1. http://flemingmarketing.com/portfolio2.htm

L'humour a donc joué un rôle de régulation collective : il a fait passer un message et évité une confrontation entre les membres de l'équipe, qui aurait été d'autant plus nuisible que la cuisine fonctionne grâce à la solidarité et à la complémentarité. Par le biais de l'humour, les valeurs du collectif (la solidarité, l'engagement) ont été réaffirmées de façon non péremptoire. Enfin, la moquerie relativement inoffensive dont a fait l'objet l'un des cuisiniers l'a incité à se remettre en cause, à s'interroger sur son comportement et à le faire évoluer.

Les caricatures d'un journal syndical font trembler la direction[1]

L'histoire se passe au Brésil, dans l'entreprise Telecom, une société nationale de télécommunications de 7 500 salariés. En 1985, le directoire de l'entreprise, jusqu'alors entièrement composé de militaires, est remplacé pour moitié par des civils. Ces nouveaux managers souhaitent insuffler une nouvelle culture, plus participative et moins autoritaire. Ils lancent le slogan « Telecom est une grande famille » et organisent des journées portes ouvertes pour les familles du personnel, auxquelles ils offrent des T-shirts estampillés « la famille Telecom, vous en faites partie ». Mais rapidement, les salariés remarquent des incohérences entre les discours de la direction et la réalité. Les promotions au mérite qui étaient pratiquées par l'ancienne équipe sont stoppées. En 1990, l'entreprise annonce 300 licenciements. Il s'avère que les journées portes ouvertes avaient pour seul but de recueillir le nom des proches des salariés pour leur adresser, en cas de grève, des courriers favorables à la direction – le tout pour faire pression sur les salariés. La résistance grandit parmi le personnel. Elle se manifeste en particulier dans l'hebdomadaire que publient les syndicats. Tiré à 10 000 exemplaires, ce journal satirique est distribué aux médias et aux salariés d'autres entreprises, ce qui accroît son impact. Il met en scène des personnages récurrents comme « Zizi la Standardiste », « le Petit Chef puissant » ou « l'homme vaseline », jeune manager apparemment sympathique, mais prêt à tout pour se faire bien voir, quitte à marcher sur ses collègues. Chaque semaine, leurs aventures sont l'occasion de railler l'autoritarisme et l'incompétence des managers.

---

1. Collinson D. L., Rodrigues S. B., « Having fun ? : humor as resistance in Brazil », *Organization Studies*, vol. 16, n° 5, 1995, p. 739.

Grâce au message véhiculé par le journal, les salariés adoptent une nouvelle perception de leur organisation. Comme les auteurs recourent à des métaphores comiques et à des personnages inventés, ils ne peuvent pas être sanctionnés par la direction. En outre, le parti pris d'humour donne une certaine légèreté aux sujets traités – même si les salariés en tirent des conclusions plus graves.

David L. Collinson et Suzana B. Rodrigues, les chercheurs qui ont travaillé sur ce cas, montrent que cette publication a renforcé la capacité de résistance des syndicats et des salariés. En effet, tous les managers craignaient d'être visés par les caricatures, même si elles étaient anonymes. À sa façon, le personnel faisait donc pression sur son encadrement. Cette publication a aussi permis de resserrer les liens entre les salariés. Elle a probablement aidé certains à vivre moins difficilement le travail.

Dans ce cas comme dans le précédent, l'humour a renforcé le collectif. Mais il l'a fait, cette fois, au détriment de l'entreprise et de la direction.

Dans la cuisine d'un hôtel[1] : rébellion contre le nouveau responsable

Retournons à présent dans les coulisses d'un hôtel où officient des cuisiniers aguerris et de jeunes apprentis. Il est d'usage, en cuisine, que les apprentis préparent le déjeuner du personnel en utilisant le surplus de denrées. Le chef cuisinier les incite à expérimenter, à improviser et à être aussi créatifs que possible, tout en s'adaptant aux produits disponibles. L'exercice, on l'imagine, est très pédagogique. Un jour, un nouveau responsable chargé de la gestion de l'approvisionnement en nourriture et en boissons est recruté. Il a une tout autre vision du travail de la cuisine… Il décrète que les déjeuners préparés par les apprentis sont bien trop élaborés et exige que l'on établisse des menus hebdomadaires plus simples. Le personnel réagit vivement et

---

1. Brown R. V., Keegan D., « Humor in the hotel kitchen », *Humor: International Journal of Humor Research*, vol. 12, n° 1, 1999, p. 47-70.

…/…

© Groupe Eyrolles

…/…

tente de convaincre le responsable de revenir sur sa décision… mais ce dernier est intraitable. Le chef cuisinier, pour sa part, ne souhaite pas s'affronter avec le nouveau responsable sur ce sujet. Les apprentis n'ont plus le choix : ils préparent des repas de type hot-dog et salade de pommes de terre.

La tradition veut que tous les mois les cuisiniers préparent le déjeuner qui clôt le comité de direction. La date approche… « Et si on allait au supermarché et qu'on achetait les produits le moins cher possible ? » : ce qui était à l'origine une plaisanterie est finalement appliqué à la lettre. Les cuisiniers servent donc, avec l'assentiment du chef cuisinier, des plats tout préparés bas de gamme, à peine sortis de leur barquette. À la fin du repas, cela leur vaut une visite du directeur général en cuisine, qui les gratifie en souriant d'un « bande d'abrutis » amical, suscitant les rires de l'équipe. Les autres membres du Codir s'associent à ces « félicitations » amusées. Bizarrement, le nouveau responsable ne se montre pas… Et plus jamais il ne fut question de préparer un déjeuner au rabais pour le personnel !

La plaisanterie a révélé d'elle-même, et en douceur, l'inanité d'une décision. Elle a fait passer un message en évitant l'affrontement.

Faire face à une situation paradoxale : le nez de Pinocchio[1]

Il est courant, en entreprise, que les salariés soient confrontés à des injonctions paradoxales : ils doivent satisfaire deux demandes qui sont opérationnellement incompatibles, par exemple : « Soyez proches de votre équipe et très disponible envers vos clients », ou : « Soutenez les initiatives et réduisez les coûts ». Ce type d'injonction est très stressant car il met les individus en face d'une situation impossible à résoudre. L'humour est parfois une voie de secours.

Prenons l'exemple d'un service où tout le monde sait qu'il est impossible de faire des remarques – sans parler de critiques – au responsable. Cela n'empêche pas ce dernier, lors d'une

1. Barsoux J.-L., « Why organizations need humour », *European Management Journal*, vol. 1, n° 5, 1996.

…/…

┌─ ...∕... ──────────────────────────────────┐

réunion, de se dire ouvert aux critiques constructives. Un collaborateur mime alors discrètement le nez de Pinocchio qui s'allonge, faisant sourire ses collègues. Dans ce genre de situation, l'humour est une soupape : il pointe l'absurdité de la situation et le paradoxe entre le discours du manager et ses actes. Il réaffirme la cohésion de groupe face à une situation apparemment sans issue. Toutefois, si cette forme d'humour relativement agressive permet de soulager temporairement une tension, elle n'est pas viable sur le long terme. En effet, elle ne permet pas au manager de prendre acte de la critique ni de corriger son comportement en conséquence.

└──┘

... et quelques enseignements

Ces quatre histoires qui placent l'humour au cœur des relations managériales montrent quel effet il peut avoir sur l'organisation du travail, au-delà des seuls individus. Elles ont l'intérêt de ne pas illustrer un humour « *top down* » qui serait impulsé par une hiérarchie voulant diffuser une « culture du sourire » – ce qui est pourtant la tendance actuelle des recherches académiques sur l'humour dans les organisations.

Que nous disent-elles sur l'humour dans l'entreprise ? Qu'il soit convivial ou combatif, qu'il réaffirme des normes ou sous-tende une rébellion, l'humour apparaît avant tout comme un vecteur des relations dans l'organisation. Au même titre que les conversations, les choix d'organisation ou les principes de management, il véhicule des messages forts et renseigne sur les rapports entre les individus, les influences, les jeux de pouvoir...

Comme l'expliquent les chercheurs Karen Myers, Clifton Scott et Sarah Tracy[1], l'humour peut aider les salariés à analyser les situations et les difficultés, à leur donner du sens. C'est un prisme à travers lequel ils peuvent

---

1. Myers K., Scott C., Tracy S., « Cracking jokes and crafting selves: sensemaking and identity management among human service workers », *Communication Monographs*, vol. 73, n° 3, 2006, p. 283-308.

« apprendre, sélectionner, confirmer, défier et transformer l'identité ». Avant d'être considéré comme un instrument de management, l'humour doit donc être perçu comme un médium qui révèle les relations, les tensions et les enjeux s'exprimant dans l'entreprise. En prêtant attention aux formes d'humour que produit une organisation, on append beaucoup sur son fonctionnement et ses problèmes.

Nous avons vu que l'humour permettait aux individus d'exprimer des critiques envers leurs collaborateurs ou leurs supérieurs – critiques perçues plus ou moins favorablement par leurs cibles. Mais dans certaines situations, l'humour n'était peut-être pas le mode d'expression le plus pertinent. Il ne faut pas oublier que l'humour demeure une expression parmi d'autres, avec des caractéristiques positives et négatives. Il faut en user avec soin. Ainsi, les collègues de Mitchell, le « *Bud man* », auraient certainement pu lui faire comprendre sans moquerie qu'ils attendaient davantage de solidarité de sa part. Pour autant, l'événement du *Bud bowl* a aidé le cuisinier à s'intégrer dans l'équipe et à s'en approprier les règles tacites. Le résultat est *in fine* positif, mais Mitchell a dû endurer des moments difficiles. Une initiative managériale aurait peut-être pu, elle aussi, résoudre la situation.

La diffusion de l'humour dans l'organisation ne peut pas être envisagée comme une fin en soi sous prétexte qu'elle accroît la satisfaction au travail ou permet aux managers de mieux gérer – voire contrôler – leurs équipes. Un projet répondant à une telle logique serait jugé trompeur, en contradiction avec les véritables intentions de l'entreprise et manipulateur. L'humour en entreprise résulte d'un accord entre les individus et l'institution.

Manier l'humour, un art difficile

Au cours de notre enquête, de nombreuses personnes ont souligné combien l'humour en entreprise était un « terrain glissant ». Utilisé de façon malveillante, il peut être une arme de destruction massive. Nous identifions trois principaux risques liés à l'humour : l'humiliation, la gêne et la perte de respectabilité.

Le risque d'humiliation

Se sentir humilié par une plaisanterie n'a rien d'anodin : nous avons l'impression d'être attaqués dans notre intégrité physique et morale, qu'importe si la blague se voulait cruelle ou amicale. Difficile pour l'auteur de la blague de se rattraper... Le risque d'humiliation est encore plus grand lorsqu'on choisit de plaisanter sur des caractéristiques personnelles, comme l'apparence physique. Une personne en surpoids aura de fortes chances de se sentir visée et ridiculisée en public par une blague sur les gros. La situation peut alors vite dégénérer.

Dans on ouvrage *Le Rire, sa vie, son œuvre*[1], le neurologue américain Robert Provine explique que seulement 5 % des « accès de gaîté » sont dus à des blagues. Le plus souvent, la gaîté, le sourire et le rire sont déclenchés par des jeux de mots subtils et par la capacité à détourner une situation pour en souligner l'absurdité. C'est une incitation supplémentaire à se détourner des moqueries gratuites.

Le risque de gêne

Dans d'autres cas, la plaisanterie n'est pas vécue comme une attaque personnelle, mais comme une remarque embarrassante qui n'a pas sa place dans le cadre professionnel. Les allusions à l'intimité peuvent être très mal perçues, de même que les plaisanteries sur les nationalités, les différences ethniques ou les religions. Elles sont à manier avec beaucoup de précaution en fonction de l'auditoire. Une salariée explique pourquoi les blagues graveleuses la gênent et la font invariablement rougir : « Je

---

1. Provine R., *Le Rire, sa vie, son œuvre. Le plus humain des comportements expliqué par la science*, Robert Laffont, 2003.

ne me sens pas à l'aise pour plusieurs raisons. Première-
ment, ces blagues sont souvent faites par des hommes ;
les femmes y sont peu mises en valeur. Deuxièmement,
mon éducation catholique m'a habituée à ne pas parler de
ces choses-là en public. Troisièmement, j'ai l'impression
que le fait de partager avec mes collègues des choses qui
relèvent de ma vie privée risque de se retourner contre
moi à un moment donné. » L'auteur d'une plaisanterie
doit être très attentif aux manifestations de gêne de son
auditoire. Il doit savoir rapidement changer de registre
pour éviter que les personnes indisposées ne se sentent
exclues du collectif. Lorsqu'on est rétif à une forme d'humour, il est également utile d'en sonder les raisons afin
de surmonter cette gêne.

Le risque de perte de respectabilité

Un chef de projet se faisait systématiquement appeler « le
Clown » par ses collaborateurs. L'expression était née le
jour où, ravi de présenter un nouveau projet, il s'était laissé
aller à faire des blagues et des imitations. Plus l'assemblée s'égayait, plus ses plaisanteries frôlaient le mauvais
goût. Il y avait gagné le surnom indélébile de « Clown »,
à tel point que les nouveaux arrivants adoptaient spontanément cette habitude pour mieux s'intégrer dans le
groupe. Lorsqu'on a interrogé ces nouvelles recrues sur
ce surnom, la moitié seulement a su en donner une explication. À leurs yeux toutefois, la crédibilité du chef était
d'emblée entamée. Cet exemple montre que les relations
en entreprise sont en partie codées. Par leur fonction, leur
métier, leur diplôme, mais aussi leur histoire, les individus endossent un rôle théorique. Tout écart par rapport
à ce rôle risque d'être mal compris, voire critiqué. Un
manager en situation de responsabilité doit s'interroger
sur le rôle qu'on lui attribue et sur les limites à respecter
pour ne pas mettre en danger sa crédibilité. Il peut identifier différents stades, chacun correspondant à une forme
d'humour, qui risquent d'altérer le respect que lui portent
ses collaborateurs. Au premier stade, le manager s'autorise une « proximité cordiale » avec ses collaborateurs, en

même temps qu'il impose le respect de règles formelles et informelles de subordination nécessaires au respect de la hiérarchie. Il se permet des boutades ponctuelles ou profite d'un moment de détente autour de la machine à café pour raconter une anecdote amusante. Au stade suivant, ces échanges humoristiques prennent une certaine familiarité. Les règles de subordination sont moins clairement définies et respectées ; la sphère personnelle se mêle à la sphère professionnelle. L'humour, voire les moqueries, devient courant et peut porter sur des éléments personnels. Au stade ultime, l'équipe désavoue l'autorité de son manager en raison d'une proximité et d'une familiarité trop grandes. Elle est capable de le railler en pleine réunion devant des tiers.

Lorsqu'il mobilise l'humour, le manager doit donc tenir compte des personnes, des moments et des situations, et respecter certaines limites. Yves Ferré, directeur général de la société immobilière Arthur Loyd Paris, en témoignait dans la revue *Management* en 2006[1] : « Une bonne ambiance aide à fidéliser les troupes. Notre secteur est restreint et mes collaborateurs sont très sollicités par la concurrence. D'où la nécessité d'offrir une ambiance de travail agréable. En fin de journée, je veille à détendre l'atmosphère. Tout le monde étant fatigué, pas besoin d'être subtil pour faire rire. J'ai aussi l'habitude de glisser une vanne quand je dois faire une remarque à un salarié. Le message passe mieux. Mais mon côté jovial a ses limites. Je ne plaisante jamais pendant les réunions importantes car cela risque d'entraîner trop de digressions. »

Vous avez probablement rencontré l'une des douze manifestations d'humour en entreprise que nous venons d'évoquer. Peut-être même en vivez-vous certaines au quotidien. Cela prouve que même s'il n'est pas assumé ni revendiqué comme une valeur forte de l'organisation, l'humour imprègne une bonne partie des relations professionnelles. Pourquoi le nier ? Pourquoi ne

---

1. *Management*, n° 97, 2006.

chercherions-nous pas à tirer parti de l'humour et à bénéficier de ses effets positifs ? Car l'humour fait du bien à notre corps comme à notre esprit. De nombreuses recherches psychologiques, biologiques, philosophiques ou encore sociologiques ont permis de mieux comprendre tous ses bienfaits. Nous en évoquons certaines dans le chapitre suivant.

Deuxième partie

COMPRENDRE L'HUMOUR AU TRAVAIL

Pourquoi rire nous fait du bien

Chapitre 3

L'humour, c'est quoi ?

« Car vivre, cela signifie être double : être
prêt à chaque instant pour le sérieux,
mais aussi pour la plaisanterie. »
Georg Groddeck

L'humour a-t-il accompagné l'Homme depuis toujours ?
Il est bien sûr difficile d'y répondre. Selon les historiens,
la plus vieille histoire drôle dont nous ayons la trace
remonte à 1900 avant J.-C. Nous la devons aux Sumé-
riens, les habitants du sud de l'Irak actuel. La voici.

Une chose qui n'est jamais arrivée depuis des temps immémo-
riaux : une jeune femme s'est retenue de péter sur les genoux
de son mari[1].

À chacun de juger si sa capacité à faire rire est restée
intacte ! Quoi qu'il en soit, on trouve tout au long de
l'Histoire des écrits humoristiques et plus sérieusement
des ouvrages cherchant à définir l'humour.

Comme le signale Jim Holt dans sa *Petite Philosophie des
blagues et autres facéties*[2], le plus ancien livre de blagues
connu en Occident est le *Philogelos*. Contenant 264 anecdotes, il a été écrit en grec au IVe ou au Ve siècle avant
notre ère. Plus récent, le *Liber Facetiarum* de l'Italien Pog-
gio Bracciolini (dit « le Pogge ») est un recueil de facéties
datant de 1451. Quel humour était prisé sous la Renais-
sance italienne ? La facétie 26 nous en donne un aperçu.

---

1. Cosseron C., Cosseron F., *Cahier d'exercices pour rire davantage*, ESF
Editeur, 2010.
2. Holt J., *Petite Philosophie des blagues et autres facéties,* 10/18, 2009.

> *Un moine bien enrobé qui se rend en ville demande son chemin*
> *à un paysan.*
> *— Pensez-vous que je pourrai passer les portes de la ville ?*
> *— Pourquoi pas, une charrette de foin passe, vous devriez passer*
> *aussi !*

Avoir de l'humour, être de bonne humeur… ces expressions font partie de notre quotidien. Mais d'où proviennent-elles et que nous disent-elles sur la façon dont s'est construite la notion d'humour ? L'étymologie nous renvoie à des notions qui intéressent tout à la fois le corps et l'esprit.

Ainsi, le mot « humour » vient de l'anglais *humor*, lui-même emprunté au français « humeur » dérivé du latin. Dans l'Antiquité, une humeur désignait un fluide corporel. On doit à Hippocrate, « prince des médecins », une célèbre théorie des humeurs. La santé était selon lui déterminée par l'équilibre entre quatre humeurs : le sang, la lymphe (ou pituite, flegme), la bile jaune et la bile noire (ou atrabile). La prédominance de telle ou telle humeur influençait le tempérament de l'individu. Cette approche, si elle a été abandonnée par les scientifiques, a profondément marqué les esprits. Aujourd'hui encore, nous parlons de caractères « sanguins », « flegmatiques » ou « atrabilaires ». Et pour rassurer quelqu'un, nous lui disons : « Ne te fais pas de bile ! »

Le mot humour tel que nous l'entendons aujourd'hui a été introduit au XVIIIᵉ siècle dans la langue française *via* l'anglais. Dans une lettre à l'abbé d'Olivet, Voltaire évoque ce nouveau terme qui désigne une réalité bien familière : « Ils [les Anglais] ont un terme pour signifier cette plaisanterie, ce vrai comique, cette gaîté, cette urbanité, ces saillies qui échappent à un homme sans qu'il s'en doute ; et ils rendent cette idée par le mot humeur, *humour*, qu'ils prononcent *yumor*, et ils croient qu'ils ont seuls cette humeur, que les autres nations n'ont point de terme pour exprimer ce caractère d'esprit ; cependant, c'est un ancien mot de notre langue employé en ce sens dans plusieurs comédies de Corneille. » On cultivait en France, à l'époque, l'esprit, le bon mot parfois cruel. Avec l'humour, une dimension supplémentaire, plus franchement comique, est convoquée.

L'humour sous toutes ses formes... première approche kaléidoscopique

L'humour a suscité un intérêt dès l'Antiquité chez les intellectuels. On relève de nombreuses réflexions d'écrivains et de philosophes sur ce sujet. Impossible d'en faire ici une recension exhaustive ! Pour donner un aperçu de l'étendue de ces approches et de la diversité des points de vue sur l'humour, nous commencerons par en citer quelques-unes. Il en ressortira une première vision kaléidoscopique et multidimensionnelle de l'humour, que nous organiserons ensuite en trois lectures possibles (cognitive, émotionnelle et sociale).

L'humour déconsidéré

Les cultures judéo-chrétiennes ont longtemps perçu le rire comme un mal, une perversion morale. Dans le célèbre roman d'Umberto Eco *Le Nom de la rose*[1] qui se déroule au XIVe siècle, le héros enquête sur des morts mystérieuses dans une abbaye bénédictine. On découvre peu à peu que des moines ont péri empoisonnés après avoir lu un livre interdit sur le rire. Tel est le châtiment que leur a imposé l'abbé pour avoir voulu approcher de trop près une manifestation démoniaque, le rire.

Sans en arriver à de telles extrémités, le rire est souvent considéré comme vulgaire, notamment parce qu'il se manifeste bruyamment. On le juge plutôt digne de la plèbe que des fins lettrés, qui peuvent s'autoriser à sourire, mais ne s'abaissent pas à rire à gorge déployée. « Le juste, le sage ne rient jamais, les anges ne rient pas et le Christ n'a jamais ri, le rire est diabolique, le rire est satanique[2] », relate Charles Baudelaire. Le rire serait contraire à la volonté de l'homme de s'élever, de se surpasser. Il le ramènerait vers les abîmes et vers le mal.

Certes, les mentalités ont changé. Mais on peut en retenir que l'humour n'est pas une valeur universelle : il faut en

---

1. Eco U., *Le Nom de la rose,* Livre de Poche, 1990.
2. Baudelaire C., *L'Essence du rire*, Sillage, 2008.

user au bon moment et avec des personnes qui y sont réceptives. Autrement dit, « on peut rire de tout mais pas avec n'importe qui ! » (Pierre Desproges).

Le rire chez Bergson

Dans son ouvrage *Le Rire* (1899), le philosophe Henri Bergson[1] explique que le rire naît du décalage entre la réaction d'une personne et la réaction qu'on attendait d'elle. Plus cette personne s'éloigne du registre attendu, plus la situation est comique. On trouve là l'idée de la chute et de la surprise comme caractéristiques centrales de l'humour. Par ailleurs, Bergson situe le rire dans la relation sociale. On ne rit pas seul, on ne peut rire qu'à plusieurs. La perception d'un décalage dans le comportement de l'autre ou dans l'histoire qu'il raconte crée le rire. Ce dernier est en outre un phénomène contagieux. Quand on voit quelqu'un rire, on a envie d'en faire autant. Ainsi, le rire est un moyen de créer du lien et de la complicité. Très souvent, on entre par exemple en relation par le rire avec un enfant qui ne parle pas.

L'humour pour inverser les valeurs

Pour certains, l'humour est un moyen de déformer le réel, de renverser la hiérarchie du grave et du léger, du profond et du superficiel. Il permet de « traiter à la légère les choses graves, et gravement les choses légères[2] », disait Paul Reboux. On renouvelle ainsi son regard sur le monde. La définition de Jean-Paul Richter va plus loin. L'humour, selon lui, « abaisse la grandeur (mais point comme la parodie), pour l'avoisiner à la petitesse ; il exalte la petitesse (mais point comme l'ironie), pour l'avoisiner à la grandeur ; et il anéantit ainsi l'une et l'autre notion, parce qu'en face de l'infini, tout est égal, tout est néant[3] ».

1. Bergson H., *Le Rire*, PUF, 2007.
2. Reboux P., Muller C., *À la manière de…*, Grasset, 2003.
3. Cité dans Barth I., *L'humour : quelle contribution à la performance de la relation ? Observation participante de situations de relations commerciales et managériales*, 75e Congrès de L'AFCAS, 2007.

Le rire du désespoir

L'humour peut être vu comme la façon la plus élégante d'exprimer sa souffrance, de la partager et de susciter l'empathie sans accabler son auditoire. Il est « la politesse du désespoir », selon l'expression de Georges Duhamel. Il est aussi un échappatoire, voire une forme de thérapie : « L'homme souffre si profondément qu'il a dû inventer le rire », affirme Nietzsche.

Rire pour réinterpréter du réel

Certains chercheurs présentent l'humour comme une grille d'interprétation du réel. L'humour donne du sens aux situations que nous rencontrons. Selon Ziv[1], le sens de l'humour peut se définir comme « l'aptitude à percevoir, à créer et à exprimer (par des mots ou des gestes) des liens originaux entre des êtres, des objets ou des idées, liens qui font (sou)rire celui à qui on les communique car il les comprend et les apprécie ».

En résumé, avoir de l'humour c'est être capable :
• d'observer (soi et les autres) ;
• de comprendre (les allusions faites à la culture, l'actualité…) ;
• de créer (ce qui demande une certaine désinhibition).

Cette faculté à faire de l'humour varie d'un individu à l'autre, selon le contexte socioculturel, les expériences de vie, etc.

L'apparition du rire chez l'enfant

Un petit enfant exprime-t-il de façon innée le sourire et le rire ? Les recherches montrent que le rire est dans un premier temps une réponse à un stimulus, pour devenir ensuite un comportement construit socialement répondant à une perception de joie. À partir de sept mois de gestation, le bébé sourit lors des phases de sommeil

---

1. Ziv A. et Ziv N, *Humour et créativité en éducation : approche psychologique,* Creaxion, 2002.

paradoxal. Dix à vingt jours après sa naissance, il sourit spontanément et sans raison particulière. À cinq ou six semaines, il sourit en réponse à quelqu'un (d'abord sa mère, puis d'autres). À cinq mois, il exprime différents types de sourire (de satisfaction, de mécontentement) et il choisit les personnes à qui il adresse son sourire. De dix à dix-huit mois, il sourit à pleines dents. Plus tard, le sourire de l'enfant est associé à une sensation de joie. À partir de huit ou dix ans, l'enfant arrive à contenir son sourire même s'il ressent de la joie.

Rire pour se sentir bien

Rabelais, en tant que médecin, fut l'un des premiers à vanter les mérites du rire pour la santé. Plus tard, aux XIXe et XXe siècles, les travaux de recherche se sont intéressés aux processus physiologiques du rire et à leur contribution au bien-être. D'après le neurologue Henri Rubinstein, il faudrait rire dix minutes par jour pour obtenir un « bénéfice optimal sur le psychisme et le métabolisme[1] ». Un adulte rit en moyenne une vingtaine de fois par jour, et un enfant 400 fois. Malheureusement, il semble que l'on consacre de moins en moins de temps à rire…

Le rire agit sur notre corps comme une vague massante. Fions-nous au neurologue : « Le rire fait travailler les muscles du visage mais aussi ceux du larynx, du diaphragme et des abdominaux à la manière d'une onde qui se propage et masse l'ensemble du corps[2]. » Il entraîne une dilatation des artères, ce qui crée un sentiment de bien-être, comme après un exercice sportif. On inspire quatre fois plus d'air lorsqu'on rit. Cette suroxygénation contribue à éliminer les graisses et les sucres et favorise la circulation sanguine.

Il va de soi pour chacun d'entre nous que rire est un plaisir. Après avoir ri, nous ressentons une sensation de bien-être, d'apaisement. Cette sensation vient du fait

---

1. Rubinstein H., *Psychosomatique du rire*, Robert Laffont, 2003.
2. *Idem*.

que l'humour met en action l'ensemble du système du plaisir. Ce dernier est activé lorsque nous répondons à nos besoins vitaux, nous nourrir par exemple. Mais ce système réagit également à des stimuli plus vastes tels qu'écouter un morceau de musique plaisant, déguster un plat qui fait chanter nos papilles...

Du rire diabolisé au rire de bien-être, le spectre des significations qui ont été attribuées au rire et à l'humour au fil des temps est extrêmement large. Intéressons-nous maintenant de façon plus structurée aux recherches dont nous pouvons tirer des enseignements sur l'humour au travail.

Les recherches sur l'humour : une lecture cognitive, émotionnelle et sociale

Les sciences sociales se sont penchées sur les mécanismes de l'humour et ses fonctions par le biais d'études approfondies visant à expliciter certains aspects de l'humour. On trouve quelques recherches sporadiques sur l'humour au début du XXe siècle, mais ce n'est qu'à partir des années 1970 que des universitaires proposent des études plus fouillées. Une conférence internationale sur l'humour est organisée en 1976 et rencontre un certain succès. Le psychologue anglais Hans Eysenck, qui y participe, est enthousiaste : « Peut-être qu'en réunissant tant de connaissance et d'expertise en un seul endroit, cela en encouragera d'autres à s'essayer à la recherche dans l'un des domaines psychologiques les plus difficiles, mais aussi les plus fascinants[1]. » Dès lors, une conférence internationale se tient au moins tous les deux ans sur l'humour. La recherche se structure, en s'appuyant notamment sur la revue académique *Humor*[2] consacrée entièrement au sujet. De même, des conférences dédiées à des aspects plus spécifiques de l'humour voient le jour,

---

1. Goldstein J.H., McGhee P.E., *The Psychology of Humor*, Academic Press, New York, 1972.
2. http://www.hnu.edu/ishs/JournalCenter.htm#Editors

comme « L'humour en Asean » (Association des nations de l'Asie du Sud-Est) en 2010[1].

Pourtant, si la recherche sur l'humour s'est développée ces quarante dernières années *(fig. 24)*, ses résultats ne semblent pas être connus du grand public, ou du moins des professionnels du management. Alors que les « consultants en humour » ont fait leur apparition dans les années 1990 aux États-Unis, leurs préconisations ont un écho plus modeste en France et plus généralement en Europe.

En effet, les recherches sur l'humour montrent qu'il s'agit d'un sujet très complexe et multidimensionnel, bien loin des manuels en dix leçons censés aider les managers à diffuser l'humour au sein d'une organisation et accroître le bien-être, voire la performance des salariés. Rares sont encore les théories qui visent à expliquer l'humour dans

Fig. 24 – Le développement des recherches sur l'humour*

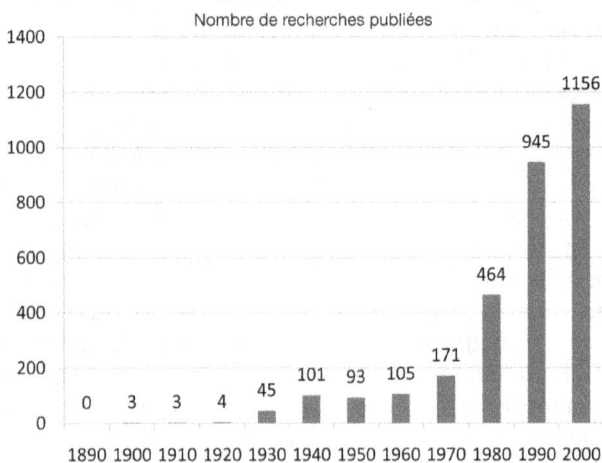

Nombre de recherches publiées

Source : PsycInfo.

* Extrait d'une présentation de Marco Sampietro à la NASA.

---

1. http://www.humourinasean.com/

son ensemble. Elles en soulignent certains mécanismes ou fonctions, mais font l'impasse sur d'autres.

En passant en revue les modèles les plus connus mais également ceux qui nous semblaient présenter un intérêt particulier, nous avons recensé les questions auxquelles ils répondaient afin de situer ces modèles les uns par rapport aux autres. Et parce que les recherches portant sur l'humour dans un contexte organisationnel sont relativement récentes, nous avons choisi d'étendre notre réflexion à des modèles sur l'humour qui ne sont pas spécifiques au travail, mais qui pourraient s'y appliquer.

Cette revue de littérature nous conduit à privilégier les trois approches suivantes :
- l'approche cognitive, qui met l'accent sur la perception de l'humour par les personnes et leur implication dans l'interaction humoristique ;
- l'approche émotionnelle, qui fait de l'humour un mode de dialogue dans une logique de positionnement et de recherche de pouvoir ;
- l'approche sociale, qui présente l'humour comme un code social constitutif des règles d'intégration et d'exclusion d'un groupe.

Les théories cognitivistes de l'humour : contradiction, absurdité et surprise

La cognition désigne l'activité intellectuelle, c'est-à-dire l'ensemble des mécanismes de la pensée que l'individu utilise pour réfléchir, parler, décider et mémoriser. Parce que l'humour joue sur différents registres, met en scène des situations impromptues et décalées ou encore exploite les jeux de mots, la fonction cognitive y joue un rôle prépondérant, tant chez celui qui produit l'humour que chez celui qui le reçoit.

Les recherches scientifiques en psychologie ont montré que trois mécanismes cognitifs étaient à l'œuvre dans une situation humoristique : l'absurdité, la résolution de l'absurdité et la surprise.

L'absurdité est un composant essentiel de l'humour. Pour qu'une situation soit perçue comme amusante, elle doit mettre en lien deux éléments *a priori* contradictoires. L'humour naît du décalage entre ces deux éléments, voire de la résolution de ce décalage.

> *Trois collaborateurs s'installent dans une salle de réunion pour faire le point sur un dossier. Ils ferment la porte pour ne pas être dérangés. Un collègue passe devant la porte vitrée et frappe ; ils lui font signe d'entrer. Il leur dit d'un ton gêné qu'il est désolé de les déranger, mais qu'il a besoin de parler au groupe pour lui transmettre une information. L'un des collaborateurs lui dit alors d'un ton amusé : « Entre et installe-toi pour nous en parler, nous avions justement fermé la porte pour que personne n'entre ! » Cela fait sourire tout le monde.*

Dans cette situation, deux éléments inconciliables sont rapprochés (entrer et rester dehors) et font l'objet d'une remarque amusante. Grâce à cette remarque, la contradiction est dépassée puisque chacun accepte qu'une exception soit faite pour l'intrus. Qui plus est, la confrontation est évitée.

Les blagues populaires jouent beaucoup sur l'absurdité.

> *C'est un mec qui est à l'hôpital, sa femme est en train d'accoucher. Elle souffre le martyre. Il lui prend la main et essaye de la calmer : « Ma chérie, je suis désolé, tu as tellement mal, tout est de ma faute... » Et sa femme lui répond avec un petit sourire : « Mais non, tu n'y es pour rien... absolument pour rien[1] ! »*

Comment peut-il être le père et n'y être pour rien ? La situation est apparemment absurde mais lourde de sens, d'où sa force comique. Dans cette blague, le caractère amusant ne provient pas tant de la contradiction que de sa résolution. Tout l'intérêt est d'en reconstituer le sens caché : le mari n'est pas le père de l'enfant.

Ce mécanisme de résolution d'une contradiction intervient très souvent à la fin d'une plaisanterie. On rit d'un

---

1. http://www.blague.info/

dénouement imprévu, décalé, qui nous surprend tout en restant cohérent avec le début de l'histoire. De fait, l'art de la chute occupe une place centrale dans l'humour. C'est un ressort permanent chez les humoristes. Souvent, la chute est aussi un mot d'esprit qui donne une nouvelle tonalité à l'histoire, la charge d'une signification supplémentaire. Raymond Devos excellait dans cet art.

> *Vous savez que j'ai un esprit scientifique. Or, récemment, j'ai fait une découverte bouleversante ! En observant la matière de plus près, j'ai vu des atomes qui jouaient entre eux et qui se tordaient de rire ! [...] Si l'on savait ce qui amuse les atomes, on leur fournirait matière à rire... Si bien qu'on ne les ferait plus éclater que de rire. Alors, me direz-vous, que deviendrait la fission nucléaire ? Une explosion de joie[1] !*

Matière à rire, rire de la matière, matière qui rit... la situation que décrit Raymond Devos peut paraître absurde, mais se terminant par une chute spirituelle et élégante, prend toute sa cohérence.

De manière plus triviale, le trio d'humoristes Les Inconnus parodiait dans les années 1980 un jeu télévisé dans lesquels les candidats devaient répondre aussi vite que possible à une série de questions.

> *– Je vous donne des noms de personnalités, et vous me répondez s'ils sont Blancs ou Noirs.*
> *– Michel Blanc ?*
> *– Blanc.*
> *– Éric Blanc ?*
> *– Noir.*
> *– Michel Noir ?*
> *– Blanc.*
> *– Michael Jackson ?*
> *– Gris !*

Une repartie cocasse se glisse dans un jeu de questions-réponses qui devait être binaire... et l'on aborde l'air de rien les thèmes de l'identité, des représentations et des préjugés.

---

1. Devos R., *Matière à rire,* Plon, 2006.

Est-il nécessaire, pour qu'une plaisanterie soit drôle, qu'intervienne systématiquement le mécanisme de résolution de contradiction ? Une célèbre expérience scientifique apporte une nuance à cet égard. Elle est connue sous le nom de « *weight judgement paradigm* » ou « paradigme de l'évaluation d'un poids[1] ». Pour mieux comprendre les mécanismes mis en jeu dans la production et la compréhension de l'humour, le chercheur suédois Göran Nerhardt a mis au point un dispositif ne faisant intervenir aucun élément linguistique ou émotionnel (ni blagues ni dessins humoristiques par exemple). L'objectif était de se concentrer sur les mécanismes psychophysiologiques. Les étudiants participant à l'expérience devaient soulever des objets d'apparence semblable et d'un poids relativement similaire et indiquer, pour chacun, s'il était plus léger ou plus lourd que le précédent. Au bout d'un certain temps, il leur était donné à soulever un objet soit beaucoup plus lourd, soit beaucoup plus léger que les autres. Cela suscitait très souvent un amusement, qui se traduisait par un rire ou un sourire. Plus le poids de l'objet dénotait par rapport au précédent, plus la réaction était amusée.

Cette expérience, qui a été largement reprise par les chercheurs en psychologie, montre que la contradiction à elle seule peut être source d'humour, sans qu'il y ait résolution. Car rien ne permet aux étudiants de comprendre pourquoi, soudainement, l'objet devient beaucoup plus lourd ou plus léger. On peut éventuellement faire l'hypothèse qu'ils se disent : « Ils se moquent de moi. » Néanmoins, la situation en soi leur a paru drôle.

Prenons un autre exemple qui se situe dans le monde du travail.

Martin reprend le travail après deux semaines de voyage de noces. Le jour de son retour se tient la réunion de service. Les dossiers de chacun sont passés en revue. Lorsqu'arrive le tour

---

1. Nerhardt G., « Incongruity and inclination to laugh: emotional reactions to stimuli of different divergence from a range of expectancy », *Scandinavian Journal of Psychology,* vol. 11, n° 3, 1970, p. 185-195.

> *de Martin, un collaborateur lui dit en souriant : « Et maintenant, Martin, tu vas nous faire le point sur tout ce qui s'est passé pour tes dossiers ces deux dernières semaines. » Cela provoque des réactions amusées.*

Là encore, les rires sont causés par des remarques contradictoires (les dossiers n'ont pas pu avancer pendant le voyage de noces de Martin), même si cette contradiction n'est pas résolue. La remarque n'a pas de sens caché, elle se suffit à elle-même.

Ainsi, il est quasiment essentiel qu'une situation humoristique comporte une contradiction introduisant une incongruité, un décalage, une absurdité. Pour autant, il n'est pas essentiel que l'auditoire puisse expliquer ou résoudre cette contradiction. Si cette situation absurde est amusante, c'est parce qu'elle crée un effet de surprise. Le principe actif de l'humour ne serait-il finalement pas la surprise ? Cet aspect a été mis en exergue par certains philosophes. Pour Kant, « le comique naît d'une attente tendue qui aboutit brusquement à rien ». Nous rions parce que la chute d'une histoire annihile le déroulement « logique » que nous attendions. Schopenhauer reprend cette définition en développant la théorie de l'incongruité : le rire résulte de l'écart entre la perception physique d'une chose et sa représentation. Plus l'écart est important, plus il est source de rire.

L'humour résulte donc de l'imprévisible, de l'inattendu, de la surprise. Pourtant, combien d'entre nous ont des comédies fétiches qu'ils peuvent regarder encore et encore en riant comme à la première fois ? Combien connaissent par cœur des sketches qui les font invariablement se plier de rire ? Si l'humour fait appel à l'absurdité et à la contradiction, il n'a pas besoin pour autant d'être imprévisible ou nouveau pour capter notre attention.

Des recherches en psychologie ont d'ailleurs étayé ce point. Les Américains Howard Pollio et Rodney Mers[1]

---

1. Mers R. W., Pollio H. R, « Predictability and the appreciation of comedy », *Bulletin of the Psychonomic Society*, vol. 4, n° 4-A, 1974, p. 229-232.

ont fait écouter à un groupe de personnes des enregistrements d'humoristes. Avant la fin des sketches, l'enregistrement était coupé et les participants devaient imaginer la chute. Puis, les enregistrements étaient diffusés en entier à un deuxième groupe. Or, les sketches que ce groupe trouvait les plus drôles étaient justement ceux dont le premier avait réussi, ou presque, à imaginer la chute. En d'autres termes, les sketches les plus drôles n'étaient pas les plus imprévisibles.

Ces approches identifient donc trois ingrédients qui font d'une plaisanterie un événement humoristique : la contradiction, l'absurdité et la surprise. Toutefois, elles analysent l'humour sous le seul aspect de la cognition, c'est-à-dire de la faculté de raisonnement des individus. Ce faisant, elles mettent de côté d'autres dimensions non moins importantes, au premier titre desquelles l'émotion.

Les théories émotionnelles de l'humour : l'humour de « supériorité »

Quelles émotions et quels sentiments ressent-on quand on rit, quand on fait rire ou quand quelqu'un rit de soi ? Au-delà de la jovialité apparente, quels mécanismes plus ou moins conscients suscite en nous un trait d'humour ? Dans *Le Mot d'esprit et sa relation à l'inconscient*[1], Freud distingue trois types d'humour dont chacun provoque des sentiments distincts :

- le comique : il est produit par des situations non verbales, comme le spectacle d'un clown. L'amusement provient du contraste entre un événement attendu et la situation qui se produit effectivement. Le comique peut avoir un caractère agressif, lorsqu'on rit de quelqu'un qui fait une mauvaise chute par exemple ;
- l'humour : il survient au cours d'événements provoquant des sentiments pénibles (stress, colère, peur,

---

1. Freud S., *Le Mot d'esprit et sa relation à l'inconscient*, Gallimard, coll. « Folio Essais », 1992.

tristesse). Il a pour fonction de soulager l'individu de ses émotions négatives. Ce mécanisme de défense permet de faire face à des situations délicates ;

* le mot d'esprit et la plaisanterie : ils participent d'un jeu intellectuel qui permet d'exprimer sous une forme acceptable des pulsions sexuelles ou agressives refoulées.

Freud nous montre donc que le désir d'humour est parfois loin d'être bienveillant ! De fait, l'humour est souvent un moyen de se moquer des autres et de plaisanter à leurs dépens. Il suscite alors des émotions diverses chez l'auteur du trait d'humour comme chez sa cible. Le *Philèbe* de Platon souligne combien cette forme d'humour est ambiguë, entre plaisir et déplaisir : « Quand nous rions des ridicules de nos amis, l'argument déclare qu'en mêlant le plaisir à l'envie, nous mêlons le plaisir à la douleur[1]. » La réjouissance est bien là, mais avec un côté sombre ; le plaisir de rire est teinté d'envie et de douleur. Aristote se penche lui aussi sur ce rire de moquerie : « La plaisanterie est une injure pleine d'esprit, et cette injure est la disgrâce d'autrui pour notre propre divertissement[2] », lit-on dans *Rhétorique*. Le philosophe explique par ailleurs que la comédie porte au jour ce qui est avilissant, risible et que l'on préférerait cacher.

Dans cette lignée, Hobbes associe l'envie de faire rire au désir d'affirmer sa supériorité vis-à-vis d'autrui. Tout est bon – y compris la cruauté – pour briller par un trait d'esprit : « La passion du rire est produite par une conception subite de quelque talent dans celui qui rit. L'on voit encore des hommes rire des faiblesses des autres, parce qu'ils s'imaginent que ces défauts d'autrui servent à faire mieux sortir leurs propres avantages. On rit des plaisanteries dont l'effet consiste toujours à découvrir finement à notre esprit quelque absurdité ; dans ce cas la passion du rire est encore produite par l'imagination soudaine

1. Platon, *Philèbe*, Flammarion, 2002.
2. Aristote, *Rhétorique*, Flammarion, 2007.

de notre propre excellence. En effet, n'est-ce pas nous confirmer dans la bonne opinion de nous-mêmes que de comparer nos avantages avec les faiblesses ou les absurdités des autres[1] ? » Rire de l'autre, c'est donc s'affirmer. Plus récemment, le professeur de communication américain Charles Gruner[2] affirme que toute blague est une bataille avec un gagnant et un perdant. Même lorsqu'une personne rit d'elle-même, c'est qu'elle méprise, à ce moment précis, la partie d'elle-même à laquelle elle fait référence.

La présence de l'agressivité dans l'humour est un thème prégnant. Les chercheurs en psychologie Jennings Bryant et Dolf Zillman se sont emparés de cette hypothèse afin de la tester[3]. Pour cela, ils ont convoqué des individus à participer à une expérience. Un premier groupe a été reçu chaleureusement par l'expérimentatrice, et un second groupe a été traité plus rudement. Une fois accueillis, les participants ont assisté à l'une des scènes suivantes :
- soit l'expérimentatrice renversait accidentellement une tasse de café sur elle et cela faisait surgir, par ricochet, un diable à ressort d'une boîte ;
- soit elle renversait accidentellement une tasse de café sur elle ;
- soit un diable à ressort sortait d'une boîte.

Les participants qui avaient été reçus avec rudesse ont plus ri que les autres à la première situation. Les auteurs expliquent que sous prétexte de rire d'un dispositif réputé comique (un diable à ressort), les participants se sont autorisés à rire du malheur de l'expérimentatrice qui les avait malmenés. Ils en fournissent un autre exemple : « Si, par exemple, nous voyons notre voisin faire marche arrière avec sa voiture flambant neuve et rentrer par

---

1. Hobbes T., *De la nature humaine*, Actes Sud, coll. « Babel », 1999.
2. Gruner, C. R., « Wit and Humour in mass communication », in *Humor and laughter: Theory, research, and applications*, Chapman A. J., Foot H. C. (dir.), Transaction Publishers, New Jersey, 1995.
3. Bryant J., Zillman D., « Misattribution Theory of Tendentious Humor », *Journal of Experimental Social Psychology*, vol. 16, n° 2, 1980, p. 146-160.

accident dans la boîte aux lettres, et si une prédisposition nous conduit à nous en réjouir et à éclater de rire, nous pouvons toujours nous dire à nous-mêmes que nous avons ri parce que la boîte aux lettres était toute déformée, parce que l'impact avait produit un bruit inhabituel, parce que notre voisin avait fait une grimace, ou une douzaine d'autres raisons. » Dans ce type de situation, nous nous voilons la face sur notre capacité de rire du malheur des autres.

Que nous suggère cette revue rapide sur l'humour comme vecteur de moquerie ? L'humour permet de critiquer quelqu'un de façon acceptable, plus en tout cas qu'une remarque franche. Si la victime s'en offusque, on pourra toujours rétorquer qu'on souhaitait tout simplement faire de l'humour, que « ce n'était qu'une blague ». Dans d'autres cas, nous nous sentons autorisés, grâce au rire, à rire aux dépens d'autrui. Quoi qu'il en soit, nous rions pour exprimer un sentiment de supériorité plus ou moins assumé. Nous préservons ainsi l'image que nous avons de nous-mêmes.

Les théories sociales de l'humour : l'importance des normes

De nombreuses recherches sur l'humour adoptent une approche sociale : elles étudient les effets que l'humour produit sur les relations entre les individus. Ce faisant, elles mettent en lumière de nombreuses fonctions de l'humour.

Mieux cerner les normes sociales

La famille, l'entreprise, le voisinage… nous entrons constamment en interaction avec des groupes dont chacun possède ses propres normes, explicites ou implicites. Connaître, respecter voire tester ces normes nous permet de mobiliser des moyens adaptés quand nous voulons atteindre un but précis (obtenir une promotion professionnelle, influencer la décision de la copropriété…). Parfois, il est préférable de ne pas dévoiler nos intentions immédiatement car cela pourrait mettre en péril l'atteinte de notre objectif. L'humour constitue alors un moyen d'avancer sous couvert, de tester les normes. La réaction des interlocuteurs nous renseigne sur la façon dont ils s'approprient ces normes et sur leur capacité à les remettre en cause. Dans certains cas, l'humour permet aussi de rattraper une remarque qui a dépassé les bornes. Prenons la situation suivante.

> *Chaque vendredi matin, c'est pareil, le chef du service comptabilité réunit son équipe pour faire le point sur la semaine écoulée. Tout le monde a pris en grippe cette réunion : les premiers à évoquer leurs dossiers prennent tout leur temps et sont relancés par le chef, alors que les derniers doivent présenter leur cas à toute vitesse pour finir avant l'heure du déjeuner. « Et si nous utilisions une horloge d'échecs pour limiter les contributions de chacun ? » proposa un jour un collaborateur excédé. Le responsable fut extrêmement déconcerté par cette remarque qui impliquait qu'il ne savait pas gérer une réunion. À tel point qu'un autre participant s'empressa d'ajouter : « Nous avons trouvé ça très utile dans nos propres réunions pour réveiller Nicolas[1] ».*

En proposant d'utiliser une horloge d'échecs, le salarié a exprimé à mi-mots une critique envers son responsable. Ce faisant, il a franchi une norme du groupe interdisant de remettre en question le management. La réaction déconcertée de son responsable l'a informé des limites à ne pas dépasser. Une fois cette norme identifiée, le salarié ou un collègue peut faire marche arrière grâce à une boutade, tout en sauvant la face.

Rappeler les normes sociales

L'humour peut également être utilisé pour renforcer les normes sociales d'un groupe, notamment si l'un des membres a des comportements jugés déviants. Souvent, on utilise alors un humour plutôt agressif. Par une moquerie ou une taquinerie, on pointe une attitude peu acceptable. Mais grâce à sa tonalité humoristique, le message est recevable et entendu par la cible. C'est

---

1. Inspiré de Barsoux J.-L., « Why organizations need humour », *op. cit.*

particulièrement utile pour transmettre les valeurs du groupe aux nouvelles recrues. On dira, par exemple : « Tu es déjà en week-end ce matin ? » à celui qui n'a pas adopté les codes vestimentaires de l'entreprise, ou : « Tu t'es encore trompé de fuseau horaire ? » à celui qui multiplie les retards. C'est une façon de rappeler à l'ordre. Des chercheurs en psychologie[1] ont observé les débriefings d'entraîneurs sportifs avec leurs équipes à l'issue des matchs. Les critiques de l'entraîneur étaient en général mieux acceptées quand elles étaient formulées avec humour que quand elles étaient exprimées directement.

Un groupe est régi par des normes explicites (inscrites dans un règlement intérieur par exemple) mais aussi tacites. L'humour balance entre les deux, mais exprime plutôt les règles tacites, dont il arrive à traduire le caractère impalpable.

> *Un nouveau salarié travaille dans un service où tout le monde plaisante du mode de management du supérieur. Par exemple : « Jérôme, c'est Speedy Man : quand il entre dans le bureau, il ne dit même pas bonjour, il fonce sur toi et te demande où en est ton dossier », ou encore : « Ce matin, avant que tu arrives, il y a eu un grand moment Speedy Man ! » Comment se positionne un nouvel arrivant dans ce contexte de moquerie quotidienne ? Il doit d'abord comprendre le fonctionnement du supérieur. Il doit ensuite montrer au groupe qu'il est d'accord avec la façon dont il analyse et critique le comportement du chef ; il aura ainsi de meilleures chances de s'intégrer. Il doit savoir dans quelle mesure il peut demander à ses collègues d'expliciter leurs moqueries. Enfin, il doit juger s'il peut lui aussi pousser la plaisanterie. Car en s'avançant trop, il risque de franchir un interdit. Un jour, après un point rapide avec son responsable sur un dossier important dont il était chargé, un nouveau salarié raconte à ses collègues : « J'ai encore eu droit à Speedy Man sur le dossier Y ! » À son grand étonnement, ses collègues lui répondent : « Tu rigoles, j'espère ! On ne plaisante pas avec un dossier stratégique comme celui-là. Il est normal que Jérôme*

---

1. Dews S., Kaplan J., Winner E., « Why not say it directly? The social functions of irony », *Discourse Processes*, vol. 19, n° 3, 1995, p. 347-367.

garde un œil dessus. » Aux yeux du groupe, le nouvel arrivant ne peut pas critiquer les méthodes du supérieur sur des dossiers aussi importants que le dossier Y. Il découvre une norme tacite : on ne peut se permettre de critiquer le supérieur lorsqu'il s'agit de dossiers stratégiques. Il n'est pas suffisamment intégré pour avoir perçu cette règle.

Renforcer la cohésion

L'humour peut renforcer la cohésion d'un groupe non seulement parce qu'il exprime les normes communes, mais aussi parce qu'il développe un sentiment d'appartenance autour de *private jokes,* de plaisanteries qui n'ont de sens que pour les membres du collectif.

> *En référence au film* La Vérité si je mens, *des collègues ont pris l'habitude de s'exclamer : « T'as pas dit zip » lorsqu'il y a un malentendu sur un contrat ou une commande. L'allusion vous parle ? Alors vous aurez des chances de vous intégrer rapidement dans cette équipe. Si elle ne vous parle pas, vous devrez passer par l'apprentissage des codes et des références du groupe...*

Chapitre 4

Les théories de l'humour
en entreprise

Depuis une quinzaine d'années, des études expérimentales tentent de comprendre les mécanismes de l'humour dans les entreprises et dans le monde professionnel. Certains travaux se sont intéressés aux différents types d'humour qu'occasionnaient des situations professionnelles données. D'autres ont étudié le lien entre l'humour et la performance, le leadership, la culture d'entreprise ou encore le stress. Dans tous les cas, l'humour est considéré comme un levier du management qui peut jouer en faveur ou en défaveur de celui-ci. L'ensemble de ces travaux participe à la construction d'un corpus théorique sur l'humour en entreprise.

Le modèle de l'humour organisationnel de Romero et Cruthirds

Eric Romero et Kevin Cruthirds se sont attachés à développer un modèle de « l'humour organisationnel » qu'ils définissent comme « une certaine forme de communication qui suscite des émotions et des cognitions (pensées, attitudes) positives à tous les niveaux de l'organisation : individuel, groupe ou organisationnel[1] ». Pour eux, l'usage de l'humour en entreprise est un gage de santé sociale. Le principal intérêt de leur modèle est d'identifier les différents types d'humour que l'on peut mobiliser en entreprise en fonction de la situation et du but visé. Ils

---

1. Romero E., Cruthirds K., « The use of humor in the workplace », *Academy of Management Perspectives*, mai 2006, p. 58-69.

© Groupe Eyrolles

s'appuient en cela sur le postulat de Rod Martin selon lequel il existe quatre types d'humour *(fig. 25)*. Intéressons-nous tout d'abord à la typologie de Martin.

Quatre styles d'humour

Rod Martin distingue, d'une part, les styles d'humour « adaptatifs » *(adaptive)* qui démontrent la capacité des individus à s'adapter à leur environnement et, d'autre part, les styles « inadaptés » *(maladaptive)* qui produisent sur leur auditoire un impact moins favorable. Chacune de ces catégories se décline ensuite en deux styles : l'humour associatif et l'humour rehaussant l'image de soi pour la catégorie « adaptatif », l'humour agressif et semi-agressif et l'humour rabaissant l'image de soi pour la catégorie « inadapté ».

L'humour associatif

C'est l'humour de la plaisanterie légère, qui a pour principal objet de renforcer la cohésion et la qualité des relations sociales. Qu'il passe par des histoires drôles ou des traits d'esprit propres à une famille, un groupe d'amis ou des collègues, cet humour se veut bienveillant. De fait, il est souvent perçu favorablement. Il aide à briser la glace ou à atténuer la conflictualité de certaines relations.

Fig. 25 – Les quatre styles d'humour de Rod A. Martin

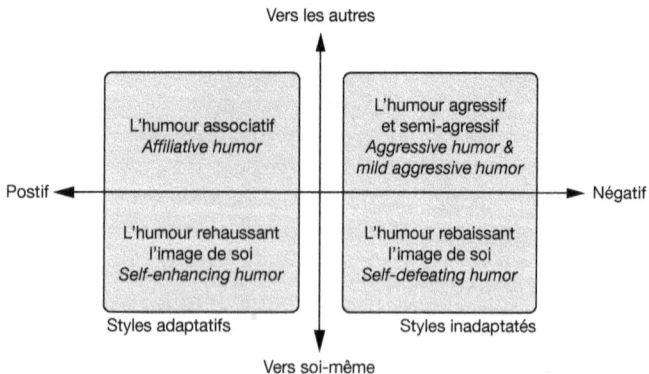

L'humour rehaussant l'image de soi

Cet humour relève d'un regard amusé et ironique sur la vie. En soulignant l'absurdité de certaines situations, celui qui en fait preuve dénote une capacité à prendre du recul, voire à affronter des situations stressantes. Cette forme d'humour atteste, chez celui qui en use, d'une bonne santé psychologique et d'une image de soi valorisante.

L'humour agressif et semi-agressif

L'humour agressif implique un dénigrement d'autrui par la moquerie, la dérision ou le mépris. Il résulte du désir de rabaisser l'autre pour se sentir supérieur. Perçu négativement par l'individu ou le groupe qui en est l'objet, il est souvent provoqué en réaction à des sentiments de colère et d'hostilité.

En revanche, l'humour semi-agressif peut avoir des effets positifs. Si son degré d'agressivité est tolérable pour celui qui en fait les frais, il peut faciliter la conformité des comportements au sein d'un groupe. En effet, il cible une attitude qui ne respecte pas la norme du groupe, mais tout en gardant un ton positif. Il permet aussi d'exprimer un désaccord d'une manière relativement enjouée.

L'humour rabaissant l'image de soi

Dans ce dernier cas, l'individu se prend lui-même pour cible. Cette forme d'humour vise à amuser les autres en plaisantant à ses propres dépens. Il permet à celui qui le met en œuvre de s'insinuer dans les bonnes grâces d'un groupe et de gagner son approbation en reconnaissant certains de ses défauts.

L'utilisation des quatre styles d'humour

Partant de cette typologie, Romero et Cruthirds ont défini quel type d'humour était le plus adapté en fonction de l'objectif visé. Là encore, ils se réfèrent à un certain nombre de travaux académiques.

Renforcer la cohésion de groupe et la socialisation, atténuer les tensions[1]

L'humour semi-agressif serait le plus adapté lorsqu'on souhaite renforcer la cohésion d'un groupe[2]. Comme nous l'avons vu plus haut, se moquer de façon relativement bienveillante d'un tiers a pour vertu de fédérer les membres d'un groupe. Lorsqu'il s'agit en revanche de valoriser un collectif, mieux vaut recourir à l'humour rehaussant l'image de soi[3].

Communiquer

Communiquer avec humour favorise les émotions positives[4], la compréhension, la persuasion et la connexion émotionnelle[5]. Pour se faire apprécier de leur interlocuteur par exemple, les commerciaux usent volontiers de l'humour associatif et de l'humour rabaissant l'image de soi.

Réduire le stress

Plaisanter à propos d'une situation stressante permet de lever les tensions[6] et d'avoir le sentiment de maîtriser les événements. On privilégiera alors l'humour associatif et l'humour rehaussant l'image de soi.

---

1. Morreall J., « Humor and work », *Humor: International Journal of Humor Research,* vol. 4, n° 3-4, 1991, p. 359-373.
2. Martineau W. H., « A model of the social functions of humor », in Glodstein J. H., McGhee P. E. (dir.), *The Psychology of Humor : Theoretical Perspectives and Empirical Issues,* Academic Press, New York, 1972, p. 101-125. Janes, L. M., Olson J. M., « Jeer pressure: the behavioral effects of observing ridicule of others », *Personality and Social Psychology Bulletin,* vol. 26, n° 4, 2000, p. 474-485.
3. Terrion J., Ashforth B. E., « From "I" to "We": the role of putdown humor and identity in the development of a temporary group », *Human Relations*, vol. 55, n° 1, 2002, p. 55-88.
4. Greatbatch, D. D, Clark, T. T. « Laughing with the gurus », *Business Strategy Review,* vol. 13 (3), 2002, p. 10-18.
5. Weinberger, M,, Gulas, C, « The impact of humor in advertising: a review », *Journal of Advertising,* 21, 4, 1992, p. 35-59.
6. Henman L. D., « Humor as a coping mechanism: lessons from POWs », *Humor: International Journal of Humor Research,* vol. 14, n° 1, 2001, p. 83-94.

Augmenter la créativité

L'humour nous met à l'aise et nous place dans un état d'esprit détendu, ce qui est favorable à la création. Les deux formes d'humour les plus appropriées pour susciter une ambiance créative sont, là encore, l'humour associatif et l'humour rehaussant l'image de soi.

Affirmer la culture organisationnelle[1]

Dans la mesure où l'humour favorise la communication, la cohésion, la créativité et la résolution des problèmes, il occupe une place centrale dans la culture d'une organisation. L'humour associatif et l'humour rehaussant l'image de soi sont préconisés lorsqu'on souhaite affirmer une culture d'entreprise.

Renforcer son leadership

Un manager qui fait preuve d'humour à bon escient parvient tout à la fois à préserver son pouvoir et à se rapprocher de ses collaborateurs. Selon Dawn Robinson et Lynn Smith[2], les managers qui font de l'humour ont plus de succès que les autres. Encore faut-il trouver une alchimie entre différents styles. Ainsi, l'humour agressif permet de fixer les barrières hiérarchiques. L'humour rehaussant l'image de soi est utile, quant à lui, pour gagner sa place auprès des grands chefs. Pour réduire les distances avec son équipe, l'humour associatif et l'humour rabaissant l'image de soi s'avèrent efficaces[3].

Mais gardons-nous de voir dans ces préconisations des solutions miracle ! Romero et Cruthirds précisent que les effets escomptés des différents styles d'humour peuvent être infléchis par des « modérateurs » : le contexte, le public auquel on s'adresse... L'humour n'est pas toujours

---

1. Newstrom, J. W., « Making work fun: an important role for managers », *SAM Advanced Management Journal (07497075)*, 67, 1,2002, p. 4.
2. Robinson D. T., Smith-Lovin L., « Getting a laugh: gender, status, and humor in task discussions », *Social Forces*, vol. 80, n° 1, 2001, p. 123-158.
3. Decker W. H., Rotondo D. M., « Relationships among gender, type of humor, and perceived leader effectiveness », *Journal of Managerial Issues,* vol. 13, n° 4, 2001, p. 450-465.

une bonne arme, il faut l'adapter à son auditoire. Surtout, il faut tenir compte des deux modérateurs principaux que sont l'origine ethnique et le genre. Dans un contexte comme l'entreprise, les blagues à connotation raciste, sexiste ou stigmatisant une population sont à proscrire. Sous prétexte de faire de l'humour, toutes les boutades ne sont pas les bienvenues. Faire entrer l'humour en entreprise, oui, mais à condition de respecter l'intégrité et l'identité de ses collègues et collaborateurs.

L'humour comme levier d'action managérial

Renforcer la performance de son équipe, accroître la créativité de ses collaborateurs, réduire les facteurs de stress pouvant nuire à l'atteinte des objectifs... tout manager est confronté, au quotidien, à ces problématiques. Nous avons vu qu'il pouvait mobiliser quatre styles d'humour selon l'effet qu'il visait. Plus précisément, comment faire de l'humour un levier d'action managérial ? Un certain nombre de recherches nous fournissent des pistes d'action sur la façon dont l'humour peut s'inscrire efficacement dans les pratiques des managers.

L'humour pour combattre le stress au travail

Le stress est très prégnant au travail ; l'actualité récente nous en a malheureusement fourni des illustrations dramatiques. De nombreuses études le confirment. Ainsi, 47 % des salariés en France déclarent éprouver souvent du stress au travail[1]. Au-delà des conséquences humaines de ce phénomène, quels en sont les effets sur la productivité de l'entreprise ? La Communauté européenne a estimé à 20 milliards d'euros par an les coûts directs des risques psychosociaux (étude effectuée dans sept pays européens). En France, le coût médical du stress représenterait 413 milliards d'euros, et l'absentéisme 279 milliards d'euros par an[2].

---

1. Collectif, *Les Risques psychosociaux – Identifier, prévenir, traiter* Éditions Lamy, collection « Lamy Axe Droit », 2010.
2. http://sites.google.com/site/naderbarzinphd/Profile

L'humour peut constituer une soupape de décompression salutaire face au stress. En outre, il renforce la capacité de résilience des groupes, c'est-à-dire leur aptitude à surmonter les événements. Pour mieux comprendre les vertus de l'humour, commençons par analyser ce qu'est le stress au travail. Le stress est généré par l'effort d'adaptation que doit mettre en œuvre un individu face à une situation. Deux paramètres sont essentiels pour évaluer ce niveau de stress. L'effort d'adaptation d'abord : le salarié doit-il élaborer, et de façon répétée, de nouveaux comportements pour atteindre les objectifs qui lui sont assignés ? Quel est le degré de difficulté de ces objectifs ? Plus l'effort d'adaptation est élevé, plus le niveau de stress est fort. Les ressources à disposition de l'individu ensuite : le salarié dispose-t-il de ressources pour faire face à une situation et atteindre les résultats attendus ? Moins les ressources sont nombreuses, plus le stress est élevé. Il peut s'agir tant de ressources individuelles (personnalité, connaissances…) qu'extérieures (temps alloué, marge de manœuvre…).

L'humour agit sur ces deux niveaux. Il procure des moments de détente qui aident l'individu à relativiser une situation stressante. Le prisme de l'humour permet de voir la réalité autrement : ce faisant, il aide à explorer des pistes de solutions que l'on n'avait pas perçues auparavant.

L'humour pour augmenter sa capacité de résilience[1]

On appelle résilience la capacité à supporter et à dépasser des événements difficiles. Des chercheurs ont étudié les facteurs qui permettaient aux individus de survivre à des traumatismes majeurs : catastrophes naturelles, maladies graves, guerres… Mais ils se sont aussi intéressés à des situations plus quotidiennes : relations conflictuelles au sein d'un couple, stress au travail, difficultés financières…

---

1. Martin R. A., *The Psychology of Humor*, Elsevier Academic Press, Burlington, 2007.

Dans la lignée de Freud[1], certains ont suggéré que l'humour pouvait être un facteur significatif de la capacité à supporter des événements difficiles. Le psychologue Norman Dixon[2] a même suggéré que l'humour s'était développé chez les êtres humains pour leur permettre spécifiquement de faire face à des situations critiques. Des vétérans américains qui avaient été prisonniers pendant la guerre du Vietnam rapportent qu'ils étaient prêts à tout, même à risquer la torture, pour raconter une blague au prisonnier d'une autre cellule[3]. Dans une situation aussi dramatique, l'humour était une résistance. Aussi avaient-ils rebaptisé leur geôle le « Hanoï Hilton »...

Cette capacité à prendre du recul donne à l'individu l'impression de redevenir maître de son destin. Victor Frankl[4], un survivant de l'Holocauste, rapporte ce trait d'humour d'un de ses codétenus au sujet d'un kapo : « Tu te rends compte, j'ai connu cet homme alors qu'il n'était que président d'une grande banque ! N'est-ce pas chanceux qu'il ait si bien réussi dans la vie ? » Dans de telles situations, l'humour et la moquerie sont une façon de se défendre et de préserver sa propre intégrité. Le philosophe Horace Kallen écrit ainsi dans son livre *Liberty, Laughter, and Tears*[5] : « Je ris de ce qui a [...] cherché à supprimer, à asservir ou à détruire ce que je chéris, et qui a échoué. Mon rire signale cet échec et ma propre libération. »

1. Freud S., « Humour », *International Journal of Psychoanalysis*, vol. 9, n° 1-6, 1928.
2. Dixon N. F., « Humor: a cognitive alternative to stress ? », in Sarason I. G., Spielberger C. D. (dir.), *Stress and Anxiety*, vol. 7, Hemisphere, Washington, 1980, p. 281-289.
3. Henman L. D., « Humor as a coping mechanism: lessons from POWs »,
4. Viktor E. Frankl, *Man's search for meaning*, New York, Washington Square, 1959.
5. Kallen H. M., *Liberty, Laughter, and Tears: Reflections on the Relations of Comedy and Tragedy to Human Freedom*, Northern Illinois University Press, De Kalb, 1968.

L'humour pour soulager l'autre de son stress

Dans une situation stressante, l'humour est utile pour gérer ses propres émotions comme celles d'autrui[1]. En tant que mécanisme de résilience, il trouve particulièrement sa place dans le contexte d'une relation interpersonnelle. Un salarié ressentira le besoin de plaisanter avec ses collègues après une journée de travail particulièrement stressante, ou de raconter sa journée à sa femme en riant. Dans le cadre d'une étude[2], il a été demandé à des couples dont la femme était atteinte d'un cancer du sein de parler de cette maladie. Il est apparu que lorsque le mari savait faire preuve d'humour au sujet du cancer, dans la mesure où la situation le permettait, sa femme manifestait moins de stress.

Les recherches sont donc unanimes : l'humour aide à combattre le stress. Il a deux effets bénéfiques majeurs. Tout d'abord, il diminue l'effort d'adaptation requis par une situation stressante. En prenant du recul, on en relativise la gravité. Ensuite, il renforce les capacités de l'individu. En mobilisant l'humour, on prouve que l'on est capable de faire face à l'adversité, voire d'en retirer un certain plaisir. En plaisantant avec d'autres sur une situation stressante, on soulage leur souffrance et on leur dit qu'ils peuvent compter sur nous.

Toutefois, les résultats de ces recherches apportent une nuance intéressante : si l'humour est efficace sur le court terme pour faire face au stress, ses effets positifs sur le long terme dépendent de la façon dont il est utilisé quotidiennement. Ainsi, des plaisanteries qui sont exercées raisonnablement envers soi-même et les autres induisent une confiance en soi et consolident les relations interpersonnelles. En revanche, des blagues relativement

---

1. Francis L. E., « Laughter, the best mediation: humor as emotion management in interaction », *Symbolic Interaction,* vol. 17, n° 2, 1994, p. 147-163.
2. Manne S. *et. al,* « Couples' support-related communication, psychological distress, and relationship satisfaction among women with early stage breast cancer », *Journal of Consulting & Clinical Psychology,* vol. 72, n° 4, 2004, p. 660-670.

agressives à l'encontre d'autrui auront des répercussions plutôt négatives sur le long terme. On voit là, une fois encore, qu'utiliser l'humour en entreprise demande un fin dosage.

L'humour et la créativité

Des psychologues ont démontré que l'humour rendait plus créatif[1]. Alors qu'il faisait passer des tests de créativité à des enfants, Avner Ziv a par exemple noté une différence significative entre ceux à qui l'on avait fait écouter au préalable un sketch comique et ceux qui avaient fait une activité « sérieuse ». Selon Rod Martin, deux phénomènes expliquent les effets créatifs de l'humour. D'une part, l'incongruité induite par l'humour favorise la flexibilité cognitive nécessaire au processus créatif. D'autre part, l'humour provoque une émotion positive qui réduit les tensions et le stress, permettant à l'intellect de réagir de façon plus souple et de s'ouvrir à de nouvelles façons de penser.

On voit tous les bénéfices que peut apporter l'humour dans un contexte où l'innovation, et par conséquent la créativité deviennent des conditions de survie pour de nombreuses entreprises !

L'humour et la performance

Une entreprise qui mobilise l'humour voit-elle croître sa performance ? Il est délicat d'établir un lien de causalité aussi direct. Première difficulté, comment apprécier et mesurer l'humour d'un collectif et de chacun de ses membres ? Est-il pertinent d'interroger les individus (« sur une échelle de 1 à 5, qualifiez l'humour de telle personne ou de votre service ») ? Deuxième difficulté, comment

---

1. Ziv, A. « Facilitating effects of humour on creativity », *Journal of Educational Psychology*, vol. 68(3), Jun, 1976. p. 318-322.
Isen, A. M, Daubman, K. A., Nowicki, G. P. « Positive affect facilitates creative problem solving », *Journal of Personality and Social Psychology*, vol. 52(6), juin, 1987. p. 1 122-1 131.

identifier le lien entre un niveau d'humour et une performance collective qui est par nature multicausale ? La performance résulte, en effet, de facteurs très divers : la technologie, l'organisation, le leadership, la concurrence, etc. Le seul lien que nous puissions avancer est en relation avec le concept d'ambiance.

L'ambiance

L'humour est une des composantes de l'ambiance qui contribue elle-même, en combinaison avec d'autres facteurs, à la performance. Or, comme l'ont montré les travaux de l'école des relations humaines dans les années 1950[1] et les recherches sur la motivation (Herzberg, Maslow, McGregor), les conditions de travail influent sur la motivation et la performance. Jennifer George[2] a pu établir que, dans les métiers de service aux clients, une augmentation de 1 % du « climat de service » entraînait une augmentation de 2 % des recettes. Des salariés grincheux n'apportent qu'un service médiocre, parfois avec des résultats désastreux[3]. Les unités de soins cardiaques dans lesquelles les infirmières sont déprimées enregistrent des taux de mortalité des patients plus élevés que celles où l'ambiance de travail est favorable...

L'humour et les émotions positives

La vie au travail est conditionnée par deux types d'émotions[4], les unes négatives (frustration, colère, angoisse, panique, peur, tristesse, dégoût) et les autres positives (joie, envie, enthousiasme, bonne humeur). Les processus de gestion, les choix managériaux et les interactions au sein de l'entreprise doivent viser à développer les

---

1. Hatch, M.J., *Théories des organisations : De l'intérêt de perspectives multiples*. Éditions De Boeck Université, 2000.
2. George J. M., « Leader positive mood and group performance: the case of customer service », *Journal of Applied Psychology*, vol. 25, n° 9, 1995, p. 778-794.
3. Spencer L., article présenté au congrès du Consortium for Research on Emotional Intelligence in Organizations, Cambridge, 19 avril 2001.
4. Goleman D., Boyatzis R., McKee A., *L'Intelligence émotionnelle au travail*, Village mondial, 2005.

émotions positives. L'humour y contribue. Mais attention, il est à double tranchant. Mobilisé dans une logique perverse, il peut être un vecteur d'émotions négatives.

Une étude réalisée par la Yale University School of Management[1] a montré que la gaîté, la cordialité et le rire étaient les émotions les plus contagieuses. Au contraire, le découragement ne se transmet pas. Lorsque nous entendons quelqu'un rire, nous avons spontanément envie de faire de même. Notre cerveau est conçu pour repérer les rires et les sourires, et pour leur répondre. C'est pourquoi Anthony Pescosolido qualifie le rire de « pouvoir irrésistible[2] ». Le sourire est un signal de bienveillance envoyé à un tiers, il suscite une atmosphère de confiance. Howard Gardner[3] ajoute que le rire est fiable : difficile de faire semblant ! Un rire forcé se repère très vite et suscite plutôt une désapprobation. Mille deux cents moments de rire survenant pendant des interactions sociales ont été analysés. Il en ressort que le rire est presque toujours une réponse amicale à des remarques banales, comme « je suis ravi de faire votre connaissance », « vous êtes le bienvenu » ou « merci d'être venu ». Ce rire bienveillant rassure les interlocuteurs et crée un climat propice à l'échange.

L'humour nous place donc dans une disposition d'esprit favorable et ouverte aux autres. Il participe des émotions positives que nous ressentons au travail. Cela nous éloigne-t-il pour autant de nos objectifs professionnels ? Bien au contraire, les humeurs positives ont un effet sur la coopération entre les personnes et sur la performance. Il suffit d'avoir eu affaire, en tant que client, à un salarié

---

1. Bachman W., « Nice Guys Finish First: A SYMLOG Analysis of US Naval Commands », in Polley R. B., Hare A. P., Stone P. J. (dir.), *The Symlog Practioner: Applications of Small Group Research,* Praeger, Westport, 1988.
2. Pescosolido A. T., « Emotional Intensity in Groups », thèse non publiée, Department of Organizational Behavior, Case Western Reserve University, 2000.
3. Gardner H., *Leading Minds: An Anatomy of Leadership,* Basic Books, New York, 1995.

manifestement mécontent de son travail pour savoir que sa prestation ne sera pas optimale... Des études l'ont démontré plus scientifiquement. Dans une chaîne d'hôtellerie internationale où une conversation entre un salarié et un manager suscitait dans neuf cas sur dix de la frustration et de la colère, il a été constaté que ces humeurs négatives se répercutaient dans la moitié des cas sur les clients et dans l'autre sur les collègues[1]. Les émotions positives, quant à elles, garantissent un environnement de travail de qualité, qu'Alice Isen appelle « le bénéfice mental[2] ». Il y a bénéfice mental quand les salariés vivent plus d'épisodes émotionnels positifs que négatifs. Le nombre d'épisodes émotionnels positifs est d'ailleurs un indicateur pertinent pour apprécier leur satisfaction au travail, et au contraire leur retrait[3].

Nous avons dressé un panorama des situations dans lesquelles différents types d'humour pouvaient être utilement mobilisés dans l'entreprise, et des bénéfices que l'on pouvait en escompter. Toutefois, on ne peut pas considérer l'humour comme une donnée acquise que chacun pourrait mobiliser à sa guise. Tout le monde n'a pas la même capacité à faire rire. Certains se sentent plus à l'aise dans l'ironie, d'autres dans la plaisanterie grotesque... autant de formes d'humour auxquelles, en tant que public, nous sommes aussi plus ou moins sensibles. À quoi tiennent les aptitudes des individus à l'humour ?

---

1. Basch J., Fisher C. D., « Affective events-emotions Matrix: a classification of job-related events and emotions experienced in the workplace », in *Emotions in the Workplace: Research, Theory and Practice*, Ashkanasy N., Zerbe W., Hartel C., (dir.), Quorum Books, Westport, 2000, p. 36-78.
2. Isen A.M., « Positive affect », in *Handbook of Cognition and Emotion*, Dagleish T., Power M., (dir.), Wiley, Chichester, 1999.
3. Fisher C. D., « Mood and emotions while working: missing pieces of job satisfaction? », *Journal of Organizational Behavior*, vol. 21, 2000, p. 185-202.

Comprendre les capacités humoristiques

Certains d'entre nous sont des boute-en-train nés, toujours prêts à tirer parti d'une situation pour faire un bon mot, alors que d'autres se risquent rarement à raconter une plaisanterie. Nous trouvons certaines personnes extrêmement drôles, alors que d'autres font toujours des blagues qui semblent tomber « à plat ». Nous ne sommes pas égaux devant l'humour. Pour l'utiliser à bon escient, il est utile de mieux comprendre dans quel type d'humour nous pouvons exceller et quelle forme d'humour notre auditoire est susceptible d'apprécier.

Les chercheurs se sont intéressés à partir des années 1950 à la capacité des personnes à apprécier des situations drôles. Ce n'est que vers le milieu des années 1970 qu'ils ont étudié leur aptitude à utiliser l'humour pour faire rire leur entourage. Plusieurs études[1] concluent que ces deux capacités humoristiques ne sont pas liées.

Fig. 26 – Mesurer les capacités humoristiques
d'un individu : deux axes d'analyse

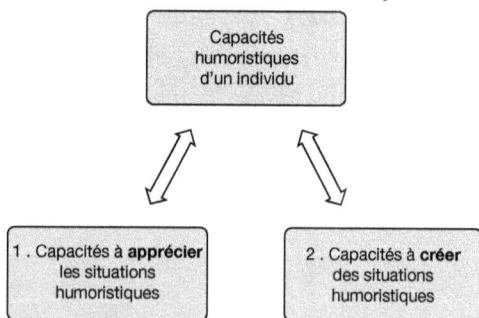

---

1. Babad, E. Y. « A multi-method approach to the assessment of humor: a critical look at humor tests », *Journal of Personality*, 42 (4), 1974, p. 618-631.
Kölher, G., Ruch, W. « Sources of variance in current sense of humor inventories : how much substance, how much method variance? », *Humor: International Journal of Humor Research*, 9 (3/4), 1996, p. 363-397.
Koppel, M. A., Sechrest, L. « A multitrait-multimethod matrix analysis of sense of humor », *Educational & Psychological Measurement*, 30(1), 1970, p. 77-85.

La capacité à apprécier l'humour

Notre personnalité nous porte à apprécier certaines formes d'humour plus que d'autres. Le critère déterminant, en la matière, est moins le sujet de la plaisanterie que la structure de l'humour mobilisé. Ainsi, certaines personnes rient plutôt de blagues qui comportent une explication même si elles mettent en scène des situations incongrues. Pour d'autres, l'humour réside justement dans le fait que la blague ne soit pas explicable, qu'elle demeure bizarre et farfelue. Les blagues à connotation sexuelle font exception : certaines personnes y sont résolument imperméables quelle que soit la structure de leur humour.

Les traits de personnalité

Les psychologues n'ont pas déterminé avec certitude quels traits de personnalité favorisaient l'aptitude à apprécier l'humour. Néanmoins, un certain consensus est en train d'émerger. Il semble que les personnes plutôt conformistes aient tendance à goûter particulièrement les blagues racontées en société. Mais si ces blagues sont à connotation sexuelle, il est probable qu'elles les jugent inappropriées.

Les personnes dotées d'une ouverture d'esprit et qui acceptent l'ambiguïté aiment de préférence les blagues excentriques et bizarres. Elles se montrent amusées – avec une certaine retenue – par une blague absurde à caractère sexuel.

Hans Eysenck[1] distingue les personnalités extraverties, portées sur les blagues simples et à connotation sexuelle, des personnalités intraverties qui préfèrent les jeux de mots subtils. Il existerait aussi, selon Herbert Lefcourt[2], un lien entre le style d'humour qu'aime une personne et

---

1. Eysenck H., « The appreciation of humour: an experimental and theoritical study », *British Journal of Psychology*, n° 32, 1942, p. 295-309.
2. Lefcourt H.M., Davidson-Katz K., Kueneman K., « Humour and Immune System Functioning », *Humor: International Journal of Humor Research*, vol. 3, 1990, p. 305-321.

le sentiment plus ou moins grand qu'elle a de contrôler son destin. Les « internalistes », chez qui ce sentiment est fort, sont sensibles à toutes les formes d'humour et les pratiquent toutes. Les « externalistes » au contraire, qui pensent être le jeu de circonstances externes, sont attirés par l'humour qui leur permet de développer une relation de supériorité. Ils rient d'un événement fâcheux et incongru dont un tiers est victime.

Les caractéristiques sociales[1]

Notre perception de l'humour est influencée par un certain nombre de caractéristiques sociales. Une personne appartenant à un groupe social spécifique réagira probablement plus négativement qu'une autre à une blague dont son groupe fait l'objet. Dans certains cas, il n'est toléré de plaisanter d'un groupe social que si on en fait soi-même partie.

Le sexe[2]

Les hommes et les femmes rient-ils des mêmes blagues ? Pas tout à fait, répondent les chercheurs. Les femmes sont plus enclines à apprécier l'humour associatif, alors que les hommes préfèrent l'humour rehaussant l'image de soi.

La capacité à produire l'humour

Nos blagues en disent long sur nous ! En effet, notre capacité à produire de l'humour est couplée à d'autres qualités : l'intelligence verbale, l'habileté sociale et la créativité. Rien d'étonnant, dès lors, à ce qu'une personne qui sait faire de l'humour soit valorisée socialement, et notamment dans le monde du travail. Interrogés sur le sujet, 97 % des PDG de grandes entreprises américaines ont affirmé que l'humour était bon pour le business, que les cadres exécutifs devaient développer leur humour et que le sens de l'humour d'un candidat devait être pris en

---

1. Romero E. J., Cruthirds K. W., « The use of humor in the workplace », *Academy of Management Perspectives*, n° 2, 2006, p. 58-69.
2. *Ibid.*

compte dans le recrutement. De même, les recruteurs ont affirmé que le sens de l'humour d'un candidat était un critère important lors d'un entretien[1].

L'intelligence verbale

Alan Feingold, professeur à l'université de Yale, a travaillé sur l'aptitude à produire de l'humour en la considérant au même titre que d'autres aptitudes intellectuelles, résoudre un problème de mathématiques par exemple. Au cours de ses recherches, il a demandé à des sujets de produire de l'humour à partir de dessins ou d'objets et a fait noter leurs productions par un jury. Parallèlement, il a évalué d'autres capacités intellectuelles de ces individus. Il en est notamment ressorti que la capacité à produire de l'humour était fortement corrélée à l'intelligence verbale[2].

L'habileté sociale

Avec la même méthode qu'Alan Feingold, Robert Turner[3] a montré qu'il existait un lien entre la capacité à produire de l'humour d'une personne et son habileté sociale (*self-monitoring*), c'est-à-dire la façon dont elle sait adapter son comportement à son environnement pour accroître ses chances d'être acceptée socialement.

La créativité

De nombreuses études en témoignent : l'humour et la créativité résultent d'un processus mental similaire. Cette dimension a été assez largement explorée par les chercheurs, de même que celle de l'habileté sociale. Mais il reste à approfondir le lien entre l'humour et l'intelligence, la curiosité ou encore la capacité à accepter l'ambiguïté[4].

---

1. Atkins, C. P., & Kent, R. L., *Hiring characteristics: Employer preferences vs. student preferences & perceptions,* Annual National Conferences of American Speech-Language-Hearing Association Detroit, Michigan, novembre 1986.
2. Feingold A., Mazzella, R., « Psychometric Intelligence and Verbal Humor Ability », *Personality & Individual Differences, vol.* 12, n° 5, 1991, p. 427-435.
3. Turner, R. G, « Self-monitoring and humor production », *Journal of Personality*, 1980, 48(2), 163-172.
4. Martin R. A., *The Psychology of Humor, op. cit.*

Chacun se construit donc une relation particulière à l'humour. Mais certains font de l'humour leur profession. À quoi tient cette exacerbation des qualités humoristiques ? Que nous révèlent ces personnes sur la capacité à mobiliser l'humour ?

Les humoristes professionnels : drôles dès l'enfance[1] ?

Les humoristes sont-ils drôles depuis leur plus tendre enfance, ou ont-ils appris à utiliser l'humour avec une telle dextérité qu'ils sont capables de faire se tordre de rire des salles entières ? Dans les années 1970, le psychologue Samuel Janus[2] a mené une recherche auprès de 69 humoristes : bénéficiaient-ils de caractéristiques les différenciant des gens « ordinaires » : intelligence, niveau d'études, milieu familial, structure de la personnalité ? Il a constaté que les humoristes avaient une intelligence supérieure à la moyenne et qu'ils présentaient des tendances à être plus colériques, méfiants et déprimés que la plupart des individus. Leur sens de l'humour s'est développé pendant l'enfance, celle-ci ayant été marquée par des sentiments de souffrance et d'isolation. L'humour a permis à ces enfants de se défendre contre l'angoisse et de réagir verbalement plutôt que par la violence. Les humoristes ont été confrontés tout petits à des émotions fortes, ce qui les a conduits à développer un sentiment d'empathie. Cette capacité est particulièrement utile sur scène pour décrire des situations qui pourraient arriver à tout à chacun, ou pour capter en direct les réactions du public.

Cependant, l'étude de Janus souffrait de quelques défauts méthodologiques. Quelques années plus tard, deux chercheurs, Seymour et Rhoda Fischer[3], ont travaillé sur

---

1. Martin R. A., *ibid.*
2. Janus S., « The great comedians : personality and other factors », *American Journal of Psychoanalysis*, vol. 35, n° 2, 1975.
3. Fischer S., Fischer R.L., *Pretend the World is Funny and Forever: A Psychological Analysis of Comedians, Clowns and Actors,* Erlbaum, Hillsdale, 1981.

les souvenirs d'enfance et les traits de personnalités de 43 humoristes et clowns de cirque. Ils ont comparé leurs résultats à ceux qu'ils avaient obtenus pour des acteurs professionnels « classiques ». Ainsi, ils ont pu se concentrer sur les qualités humoristiques et gommer d'autres variables comme la capacité à se produire en public. Les humoristes, nous disent ces chercheurs, démontrent un intérêt particulier pour des thèmes comme le bien et le mal, le devoir, l'utilité et l'inutilité. Ils ont une estime de soi moins élevée que les acteurs. Leur enfance fut plus difficile. Ils sont nombreux à avoir commencé à exercer leurs talents en classe, en faisant les pitres.

Faut-il avoir été cancre pour être un bon humoriste ? Tout vient-il de l'enfance ? Pour approfondir ces questions, Seymour et Rhoda Fischer se sont intéressés aux pitres. Le plus souvent, ces enfants ont une mère moins attentive et plus distante que les autres. Ils ont été conduits plus tôt à prendre des responsabilités.

Ces différentes études laissent à penser que les capacités comiques se développent dès le plus jeune âge en réponse à un environnement familial frustrant. L'humour est une façon pour l'enfant d'exprimer sa colère et son angoisse, mais aussi d'attirer l'attention de ses parents.

Les recherches dont nous venons de dresser un panorama révèlent que l'humour n'est pas un phénomène univoque : il n'existe pas un humour, mais des formes d'humour plus ou moins adaptées à des situations et à des personnalités diverses. Il est important de garder cela à l'esprit si l'on entend développer l'humour en entreprise. Il n'y a pas de recette unique pour introduire le rire dans un collectif de travail, mais une multitude de solutions qui doivent tenir compte du profil des collaborateurs, de la culture de l'organisation, des objectifs visés, des contraintes extérieures... Mobiliser l'humour au travail, c'est, en d'autres termes, faire preuve d'intelligence de situation.

Troisième partie

DÉVELOPPER L'HUMOUR AU TRAVAIL

Tout peut s'apprendre, même l'humour

Chapitre 5

Développer l'humour
dans l'entreprise

On ne forme pas les salariés à l'humour comme on les formerait à un nouveau logiciel informatique. L'humour est une manière d'envisager sa relation aux autres, avec une dose de spontanéité et d'inattendu. Vouloir en faire un style obligatoire, ce serait tuer l'une des caractéristiques principales de l'humour : la surprise. Ainsi, l'humour ne saurait être instrumentalisé ; il est indissociable d'une certaine liberté d'esprit. Pour autant, on peut sensibiliser les individus aux bienfaits de l'humour, les inciter à voir la réalité sous cet angle et à tirer parti de situations propices à l'humour.

Quelles actions sont envisageables pour développer l'humour en entreprise ? Autant un « plan de développement standard de l'humour » n'aurait pas de sens et serait contre-productif, autant on peut introduire l'humour par petites touches.

Approche organisationnelle

Comme nous l'avons vu dans les chapitres précédents, un certain nombre de vertus de l'humour au travail ont été démontrées : il agit favorablement sur la cohésion, la créativité ou encore la performance. De fait, certaines directions d'entreprise se sont attachées à développer des projets d'humour dans leur organisation. Quelles leçons, à la fois positives et négatives, peut-on tirer de ces expériences ?

On ne peut pas contraindre une organisation à l'humour

Dans une entreprise internationale spécialisée dans les nouvelles technologies, les responsables d'un service de conception de sites Internet ont déployé un programme de promotion de l'humour afin de développer la créativité des collaborateurs. Deux chercheurs, Sam Warren et Stephen Fineman[1], en ont suivi la mise en place (*cf.* encadré page suivante). Ils étaient animés par une question centrale : comment travaille-t-on dans un environnement censé être amusant ?

Diffuser l'humour au travail est donc un défi. Est-ce, *in fine*, une bonne idée que de vouloir contrôler ce qui relève normalement du spontané ? Si la question mérite d'être posée, l'humour recèle tant de bénéfices potentiels qu'il serait dommage de ne pas essayer d'en faire profiter les organisations. Une chose semble acquise néanmoins : rien ne sert d'instrumentaliser l'humour dans un but purement productiviste – sans parler des problèmes éthiques que cela soulève. En effet, l'individu est suffisamment imaginatif pour détourner les tentatives d'instrumentalisation. Si une entreprise entend favoriser l'humour, elle doit le faire en cohérence avec l'organisation, ses valeurs, ses habitudes, ses objectifs, ses processus. L'humour sera alors une action parmi d'autres, permettant d'atteindre un objectif global. Si une organisation souhaite par exemple renforcer le bien-être au travail, elle pourra diffuser des notes d'humour positives, mais elle devra aussi travailler à la réduction du stress, à l'équilibre entre la vie professionnelle et la vie privée, aux conditions de travail, etc.

---

1. Warren S., Fineman S., « Don't get me wrong, it's fun here, but: ambivalence and paradox in a "fun" work environment », in Westwood R., Rhodes C., *Humour, Work and Organization*, Routledge, Londres, 2007, p. 92-112.

Le flop d'un projet

Le management de ce service s'était efforcé d'égayer l'espace de travail. Il avait fait l'acquisition d'un billard, d'un microscooter, de pistolets à eau... Les bureaux avaient été repeints en couleur et équipés d'un nouveau mobilier. À l'entrée du service avaient été placées des poupées russes géantes. Face à ces initiatives, les réactions des salariés étaient ambivalentes : ils les jugeaient d'un côté oppressantes, d'un autre côté humanisantes.

Certains ont salué la volonté de la direction de changer les choses et d'améliorer l'environnement de travail. Toutefois, un sentiment général négatif se dégageait car les intentions que manifestait la direction avec ce programme étaient en contradiction avec ses actes. Par exemple, elle avait refusé d'installer une cuisine sur le lieu de travail pour des raisons de coût. Mais elle n'avait pas hésité à acheter des poupées russes géantes hors de prix et purement décoratives. Cela agaçait les salariés. Pour eux, l'entreprise avait surtout cherché à redorer son image auprès des clients en visite sur le site. Perçues comme incohérentes et dépourvues de sincérité, les initiatives de la direction ont été rapidement détournées par les salariés, donnant lieu à une escalade. Un jour, une salariée a appelé la sécurité parce qu'elle était persuadée qu'un homme était enfermé dans les toilettes des femmes. Après vérification, il s'avéra qu'une des poupées russes avait été mise dans les toilettes... Une autre fois, les salariés ont placé les poupées dans l'ascenseur avant la visite d'un client : ce dernier s'est trouvé nez à nez avec ces drôles d'objets quand la porte de l'ascenseur s'est ouverte... Le management a finalement interdit que l'on joue avec les poupées, pour ne pas les endommager. Cela ne l'a pas empêché de trouver un matin une poupée tout abîmée : elle avait été frappée au visage. Deux jours après, la direction a installé des caméras de vidéosurveillance. On était bien loin de l'objectif initial de détendre l'atmosphère !

L'humour dosé chez Southwest Airlines

La compagnie aérienne américaine Southwest Airlines est connue pour sa culture de l'humour. Toutefois, comme l'explique son PDG, Herb Kelleher, dans une interview pour *USA Today*[1], il faut éviter de présenter

1. Barbour G., « Want To be a successful manager? Now that's a laughing matter! », *Public Management*, vol. 80, n° 7, juillet 1998, p. 6-9.

l'humour comme un projet d'entreprise en tant que tel. En demandant aux salariés de faire de l'humour, on en minimiserait les bienfaits. En revanche, on peut faire en sorte que chacun se sente libre de faire de l'humour. Cette incitation peut passer par différentes actions managériales :

- encourager les individus à être eux-mêmes ;
- organiser des sorties avec les salariés pour développer les liens sociaux ;
- inciter le personnel à s'habiller de façon confortable et simple, pour se sentir plus léger ;
- être le premier à voir de l'humour dans une situation.

Lors de sessions de recrutement de pilotes de ligne, Herb Kelleher a demandé aux candidats de venir habillés en T-shirt plutôt qu'en costume-cravate. La réaction des candidats en disait long sur leur capacité future à s'intégrer chez Southwest Airlines. Car l'humour fait partie de la culture de la compagnie et entre dans ses critères d'embauche. Il est fréquemment demandé aux candidats : « Avez-vous déjà utilisé l'humour pour résoudre un problème au travail ? »

Southwest Airlines entend procurer du plaisir à ses passagers, les traiter comme des personnes à part entière. L'humour y contribue. Petit florilège de plaisanteries de l'équipage à l'attention des passagers avant et pendant le vol...

Le commandant de bord et la chef de cabine, qui sont mon ex-mari et sa nouvelle petite amie, vous font savoir qu'ils sont heureux de vous accueillir.

On se place comme à l'église, les saints devant et les pécheurs au fond.

Nous vous remercions de prendre place rapidement. N'oubliez pas que vous n'êtes pas dans un magasin de meubles : vous ne louez votre siège que pour une heure.

Les passagers assis du côté gauche de l'avion sont invités à coller leur visage au hublot pour que nos concurrents puissent voir à quoi ressemble un avion plein.

Mais s'agissant d'humour, tout est question de finesse, de dosage et d'intelligence des situations. Après les attentats du 11 septembre 2001, il est devenu plus délicat de plaisanter dans les avions. L'humour s'est atténué chez Southwest Airlines[1]. Une semaine après les événements, les collaborateurs ont reçu une note de service : « Il est évident que l'humour habituel de Southwest doit temporairement jouer un rôle moins important dans notre vie. » Certaines animations ont été proscrites, comme les déguisements d'Halloween. Toutefois, l'humour a fini par manquer aux clients. La compagnie a reçu des lettres lui demandant de reprendre ses vieilles habitudes. Une nouvelle note a été diffusée en 2002, incitant les équipages à faire de nouveau de l'humour, mais de façon optionnelle et raisonnée, en évitant notamment les références à la politique, à la religion ou aux nouvelles contraintes de sécurité imposées par les compagnies aériennes depuis le 11 Septembre.

Jusqu'où pouvait-on aller ? Différentes blagues ont été testées.

> « Dans le cas peu probable d'une dépressurisation de la cabine, veuillez mettre votre masque et décider lequel de vos enfants vous préférez. » (Peu de réactions positives…)
>
> « Si vous fumez dans cet avion, la Federal Aviation Administration vous infligera une amende de 2 000 dollars, et à ce prix vous feriez mieux de voler avec Delta Airlines. » (Les voyageurs rient davantage…)

Et progressivement, l'humour est revenu chez Southwest Airlines.

Trois approches de l'humour comme projet organisationnel

L'humour peut être approché en tant que projet organisationnel par trois façons différentes.

---

1. Suskind R., « Humor has returned to Southwest Airlines after 9/11 hiatus. Flight attendants try hard to amuse the passengers », *Wall Street Journal,* 13 janvier 2003.

111

La première approche est la sensibilisation, voire la formation des salariés à l'usage de l'humour. Le but est de les aider à l'utiliser à bon escient en fonction du contexte et de l'effet recherché (cohésion de l'équipe, formulation d'une critique…). Dans une telle situation, il s'agit de renforcer individuellement les qualités humoristiques des salariés plutôt que de doter l'entreprise d'une culture fondée sur l'humour. À long terme, cet effort de sensibilisation pourra s'implanter dans les fondements culturels de l'entreprise, mais ce n'est pas l'objectif recherché à court terme. La priorité est que chacun prenne conscience des aspects positifs et négatifs de l'humour, pour le manier plus habilement.

La deuxième approche est ponctuelle et événementielle. Elle consiste à ponctuer la vie de l'entreprise par des moments d'humour, du théâtre d'entreprise lors des séminaires par exemple. C'est ce que proposent les consultants en humour.

La troisième approche est durable et organisationnelle. À l'instar de Southwest Airlines, elle consiste à élaborer un véritable projet d'entreprise dont l'humour est une des caractéristiques fortes.

Approche individuelle

Au-delà du projet organisationnel qui consiste à favoriser l'humour dans un collectif de travail, comment aider chaque collaborateur, individuellement, à développer son sens de l'humour et à en décrypter les subtilités ? On peut recourir pour cela à des formations. Ces sessions n'ont pas pour propos de faire rire les participants. Elles leur donnent des clés de lecture de l'humour et leur apprennent en quoi il peut les aider au quotidien.

De notre point de vue, ces sensibilisations à la complexité de l'humour au travail, à ses avantages et inconvénients et à un usage raisonné ne posent pas de problème déontologique. En effet, elles promeuvent des comportements acceptables par les individus et favorables aux échanges. Mais ce type de formation n'apporte en aucun

---

Apprendre à sourire

La direction d'une entreprise souhaitait que le personnel en contact avec la clientèle soit plus souriant. Dans un premier temps, les salariés ont été formés « au sourire » : un spécialiste leur a expliqué quels muscles du visage le sourire sollicitait et combien ce mouvement pouvait être bénéfique. Résultat : le personnel n'a pas souri davantage aux clients. Obliger les salariés à sourire sans qu'il aient l'intime conviction que c'est utile, c'est peine perdue. Dans un second temps, la formation a été animée par des comédiens qui interprétaient, avec les salariés, des situations professionnelles types. Les salariés devaient se glisser dans la peau des clients. Cela leur a permis de mieux comprendre les conséquences de leur comportement sur la clientèle : visage ouvert ou fermé, intonations, vocabulaire utilisé… Dès lors, chacun savait ce que pouvait lui apporter une attitude souriante et pouvait l'adopter en connaissance de causes.

---

cas de « formule magique », et ce pour deux raisons. D'une part, les bénéfices d'une formation, quel qu'en soit le sujet, sont par définition limités. Et si l'organisation ne permet pas aux participants de mettre en œuvre ce qu'ils ont appris, il y a des fortes chances que cela reste lettre morte. D'autre part, ces sensibilisations portent sur des phénomènes humains et sociaux extrêmement complexes. L'humour, comme la communication ou la gestion du stress, ne saurait faire l'objet d'une check-list ni de recettes prêtes à l'emploi et universellement applicables quels que soient le contexte et les personnes.

Ce type de formation est plutôt l'occasion d'une découverte, d'une prise de recul, d'une réflexion, d'un échange de bonnes pratiques. Chacun, selon sa sensibilité et ses besoins, en retire ses propres pistes d'action.

En France, l'offre de formation à l'humour en situation professionnelle s'étoffe peu à peu.

L'École du rire[1] officie depuis longtemps dans ce domaine et propose des formations standard ou sur mesure : « rigologie », yoga du rire, clubs de jeux, stages d'autodérision

---

1. www.ecoledurire.com

L'humour en e-learning

John Cleese, membre de la troupe des Monty Python, a fondé la société Video Arts qui propose des modules d'e-learning basés sur des situations drôles[1]. L'humour, précise-t-il, ne doit pas être utilisé n'importe comment dans une situation d'apprentissage. S'il n'est pas directement lié à l'objet de la formation, les participants retiendront la plaisanterie et non l'idée qui la sous-tendait. En revanche, si l'humour permet d'illustrer des comportements professionnels inappropriés, les participants mémorisent mieux la démonstration. En riant d'une situation, ils prennent intimement conscience de son caractère absurde. Cela les aide à s'en forger une nouvelle perception. C'est un premier pas vers un changement de comportement.

---

1. http://www.videoarts.com/www.humour-consulting.com).

---

contrôlée… L'École n'oublie pas que l'humour peut être une arme de séduction massive, mais aussi une arme de destruction qui peut se retourner contre des auteurs malhabiles. C'est pourquoi elle entraîne à l'autodérision tout en apprenant aux personnes à ne pas se déprécier. Les conseils tiennent compte de la personnalité de chacun.

Le Humour Consulting Group[1] propose, entre autres, d'aider à introduire de l'humour dans les discours. Son offre comporte aussi des animations de *team building* basées sur l'humour.

Pendant les formations de Nez rouge, les salariés doivent porter un nez de clown, signe qu'ils peuvent s'aventurer dans un registre qu'ils ne s'autorisent pas toujours au travail. Ils sont invités à explorer un certain nombre de questions pour analyser leur rapport à l'humour.

- Avez-vous de l'humour chez vous et au travail ?
- Qu'est-ce qui vous amuse au travail ?
- Qu'est-ce qui fait rire vos collègues au travail ?
- Qu'aimeriez-vous faire et que vous n'avez jamais osé ?
- Donnez-vous cinq minutes pour faire rire quelqu'un.

---

1. www.humour-consulting.com

- Racontez la situation la plus drôle qui vous soit arrivée le mois dernier.
- Qu'avez-vous vu ou vécu de drôle à l'extérieur de l'entreprise, et que vous aimeriez partager avec vos collègues ? Pourquoi ?

Dans les formations à l'humour, il est important de faire participer au maximum les stagiaires, grâce à des jeux de rôles par exemple, et de s'appuyer sur du matériel très concret comme des vidéos.

Pour amplifier les effets de la formation, on peut prévoir une campagne d'affichage qui en rappelle les principaux messages. On peut aussi demander aux stagiaires, en fin de formation, de dessiner une situation drôle et révélatrice de ce qu'ils ont appris durant la session. Les meilleurs dessins sont ensuite affichés, ce qui permet tout à la fois de promouvoir la formation, d'en rappeler les points clés et de mettre en avant les talents d'humoristes des salariés.

Outre ces offres de formation, des « consultants en humour » proposent désormais leurs services aux entreprises. De quoi s'agit-il exactement ?

Approche événementielle : les consultants en humour

Le « conseil en humour » est apparu aux États-Unis à la fin des années 1970. Depuis, il s'est développé et s'est exporté dans d'autres pays, notamment en France. N'est-il pas illusoire de vouloir dispenser une mission de conseil dans un domaine aussi intangible et spontané que l'humour ? Les consultants en humour semblent avoir déjoué ce paradoxe. Leurs missions se résument généralement à une intervention pendant un séminaire, une action de *team building* ou une présentation ponctuelle. Leur objectif est de diffuser l'humour dans l'entreprise sur une durée circonscrite et dans un contexte qui s'y prête, plutôt que d'appuyer une direction dans le déploiement d'un « programme d'humour » sur plusieurs années.

On trouve globalement deux types d'interventions :

- les unes visent à promouvoir l'usage de l'humour dans l'entreprise ;
- les autres mettent en scène des dysfonctionnements de l'organisation ou des situations de changement.

Des missions de conseil pour promouvoir l'usage de l'humour

Ces interventions suivent en général le même déroulement. Le professeur de management Donald Gibson[1] décrit une mission type de la façon suivante. Le consultant commence par s'entretenir avec la direction afin de mieux connaître l'organisation et les enjeux qui se présentent à elle. Ils conviennent ensemble du contenu de la mission.

Puis, le consultant intervient auprès des salariés. Il leur explique combien l'humour est important, notamment dans les entreprises où il est sous-exploité : il a des bénéfices sur la santé, la créativité, la performance, la motivation, la communication, la cohésion… Il est universel et accessible à tous. Mais il n'est pas sans risque. À cet égard, le consultant rappelle qu'il est essentiel d'éviter tout humour blessant. Enfin, il propose des pistes pour aider chacun à développer sa capacité à faire rire les autres : bien cerner son auditoire, savoir recourir à l'autocritique, etc. Il peut aussi préconiser des actions concrètes à mettre en œuvre au travail.

Affichez des photos des collaborateurs bébés et essayez de deviner qui est qui.

Placez un livre de dessins d'humour à côté de votre téléphone. Plutôt que d'enrager quand vous êtes sur attente, feuilletez-le. Vous rirez, les minutes s'envoleront et vous vous serez octroyé une pause rafraîchissante.

---

1. Gibson D., « Humor consulting: laughs for power and profit in organizations », *International Journal Of Humor Research*, vol. 7, n° 4, 1994, p. 403-428.

> *Constituez un kit de « premiers secours humoristiques » : un masque de Batman, des bretelles colorées ou tout autre objet susceptible de faire rire vous et vos collègues feront l'affaire. En cas de besoin, dans une situation particulièrement stressante par exemple, sortez votre kit.*
>
> *Si l'un de vos collègues se plaint en permanence, suggérez un règlement dans lequel les plaintes doivent être mises en musique et chantées.*

Aux dires mêmes des consultants interviewés par Donald Gibson, ces missions visent des effets plus ou moins forts. Certains consultants se voient comme « la cerise sur le gâteau » d'un séminaire : « Nous sommes la glace après un long repas fait de discours ennuyeux. » Pour d'autres, ces interventions créent un agréable effet de surprise chez les participants et peuvent les aider à envisager les problèmes de façon plus souple. Un autre encore se dit conscient d'être un « pansement » dans des situations difficiles, comme une réduction d'effectifs : « Dans ces situations, je dois faire en sorte que les individus comprennent la réalité plutôt qu'ils ne la dédramatisent. L'humour le permet. »

Isolées de toute autre action managériale, ces interventions n'ont pas de bénéfice à long terme pour les organisations. Mais prises pour ce qu'elles sont, c'est-à-dire une évocation des nombreuses facettes de l'humour et une incitation au rire, elles ont toutes les chances d'atteindre leurs objectifs.

Des missions de conseil pour illustrer les dysfonctionnements de l'organisation ou les situations de changement

Il s'agit, dans ce cas, de mettre en scène un trait caractéristique de l'organisation plus ou moins bien accepté par les salariés, pour le présenter sous un nouveau jour et faire évoluer la façon dont il est perçu. Ces interventions sont généralement assurées par des humoristes ou des comédiens. Les consultants qui les encadrent doivent avoir une bonne connaissance du fonctionnement de l'entreprise, mais aussi de ses dysfonctionnements et de leurs conséquences difficiles pour les salariés.

117

L'Humour Consulting Group[1] explique sur son site Internet que la « pratique de l'humour a un impact direct sur l'adhésion au changement et sur la cohésion de l'entreprise ». Cette pratique contribue en effet au décloisonnement, à plus de reconnaissance et d'enthousiasme, à dédramatiser les situations et à susciter des prises de conscience.

Le théâtre en entreprise s'inscrit dans la même logique lorsqu'il propose aux collaborateurs d'interpréter des scènes de leur quotidien en mettant l'accent sur les difficultés qu'ils rencontrent et en les détournant par le rire.

Les missions d'audit humoristique

Certains cabinets de conseil proposent aux entreprises des audits humoristiques. Et contrairement aux apparences, l'exercice est très sérieux ! Ces audits permettent d'aborder des situations délicates de management qui engendrent l'incompréhension, le désengagement et trop souvent la perte de sens au travail.

La démarche se déroule généralement en trois étapes.

Dans un premier temps, les consultants mènent des entretiens avec des managers. Ils s'intéressent notamment à la façon dont ils perçoivent la stratégie de l'entreprise. Ils abordent, très sérieusement, les sujets qui prêtent à dissension ou à conflit et les projets dont la mise en œuvre présente des risques de démobilisation. Les perceptions des uns et des autres sont croisées, ce qui permet d'obtenir une représentation des relations interpersonnelles.

Dans un second temps, les consultants produisent un rapport qui recense les problématiques abordées et détermine le risque de démobilisation de chacune. Le rapport présente par ailleurs les leviers humoristiques qu'il est possible d'exploiter pour susciter l'adhésion.

Enfin, le rapport est restitué aux collaborateurs lors d'un séminaire, souvent sous la forme d'une pièce de théâtre

---

1. http://humour-consulting.fr/

ou d'un one-man show. C'est l'occasion pour la direction générale de faire passer des messages forts sur la transformation de l'entreprise et de fédérer les managers, généralement enthousiasmés par l'événement. Les sujets difficiles ne sont pas éludés, mais sont traités avec humour, parfois avec dérision. Il peut même arriver que des membres de la direction soient caricaturés – sachant que le respect des personnes doit rester la règle d'or.

Cet exercice de communication sur les transformations des organisations intègre les aspects humains du changement. Il mobilise le management autour d'un projet en lui redonnant du sens. La limite d'une telle approche réside dans ce qui fait aussi sa force : son caractère événementiel et son effet de surprise. Une mission de ce type n'engendre pas l'adhésion dans la durée et ne permet pas de transmettre au management une « compétence humour ». Elle doit donc s'intégrer dans un projet plus global de conduite du changement.

L'approche durable et organisationnelle

Cette approche est plus directive, puisqu'elle est impulsée par un management qui souhaite mobiliser l'humour dans le cadre d'un projet organisationnel.

Nous avons vu au cours des chapitres précédents que l'humour agissait sur la créativité, la cohésion ou la réduction des conflits. Mais avant de mobiliser l'humour en tant que levier organisationnel, les managers doivent identifier les dysfonctionnements auxquels ils veulent remédier et les objectifs qu'ils veulent atteindre. Ils peuvent ensuite juger s'il est opportun ou non de recourir à l'humour dans leur projet de changement.

L'humour peut être considéré comme « une activité fondamentale de la communication[1] » : il est produit de façon

---

1. Lynch O., « Humorous communication: Finding a place Place for humor in communication research », *Communication Theory*, vol. 12, n° 4 (2002), p. 423-445.

intentionnelle par un émetteur à destination d'un ou plusieurs récepteurs. Lorsque cet émetteur est un manager, une question centrale se pose : comment l'organisation s'approprie-t-elle cet humour ?

L'humeur de jeu comme condition d'émergence

On ne rit pas n'importe où ni n'importe quand, encore faut-il que l'environnement s'y prête et nous y invite. Pour mieux appréhender le contexte et les situations propices à l'humour, le psychologue américain Max Eastman[1] a développé le concept « d'humeur de jeu ». Il désigne une ambiance décontractée, une connivence, une complicité avec les personnes qui nous entourent. C'est un état dans lequel nous avons envie de rire même de choses qui pourraient être désagréables. L'ambiance détermine donc notre réaction. Empruntons un exemple au neurologue Henri Rubinstein[2] : si nous entrons en relation avec un bébé en lui faisant d'emblée une grimace, l'enfant aura peur. Mais si nous commençons par jouer avec lui puis lui faisons la même grimace, l'enfant en rira : le contexte ludique instauré dès le début de la relation lui indique que l'on est en situation de jeu.

La même plaisanterie lancée à la même personne peut provoquer dans un cas le rire, dans un autre l'agacement. En voici une illustration qui se déroule dans l'entreprise.

> Robin arrive au bureau vêtu d'un jean et d'un pull à capuche. Le dress code de l'entreprise permet aux salariés de varier les styles ; certains sont en costume, d'autres en tenues plus décontractées. Robin se situe à l'une de ces extrémités, mais sa tenue reste tout à fait acceptable. Il sait que, comme d'habitude, ses collègues, qui sont plus âgés, lui feront des plaisanteries : « Robin, quand vas-tu mettre ta casquette au bureau ? », « Tu t'es habillé "décontract" parce que tu comptes refaire les peintures ? ». Ce jeu social

---

1. Eastman M., *Plaisir du rire*, Société d'édition d'enseignement supérieur, Lille, 1958.
2. Rubinstein H., *Psychosomatique du rire*, *op. cit.*

auquel se livrent tous les membres de l'équipe ne recèle aucune critique cachée. Robin se prête au jeu en souriant, voire en riant. Il en joue même et répond à ses collègues : « Ma casquette, c'est pour demain ! Soyez prêts les gars ! » ou « Justement, Adrien, je comptais sur toi pour m'aider à repeindre cet après-midi ! » D'ailleurs, lorsqu'il s'habille le matin, il ne peut pas s'empêcher de penser aux taquineries de ses collègues et prépare ses reparties. Un vendredi, après une semaine harassante où il a dû terminer des dossiers très importants, Robin se réveille en retard. Ce jour-là, il souhaitait s'habiller de façon un peu plus formelle que d'habitude parce qu'il devait faire un point avec un directeur. Non qu'être habillé en jean soit mal vu, mais il savait qu'il se sentirait plus à l'aise en costume ; cela l'aiderait à mettre en avant son professionnalisme. Étant en retard, il n'a pas le temps de peaufiner sa tenue et enfile à la hâte un jean et un pull. Cela l'agace et s'ajoute à la tension et à la fatigue qui se sont accumulées pendant cette période chargée. Des échéances approchent et Robin ne sait pas comment il va pouvoir les tenir. Qui plus est, ses collègues l'agacent en ce moment : ils n'ont pas l'air d'avoir conscience des enjeux et sont plus des freins que des soutiens. Dans le métro, Robin passe en revue tout ce qu'il devra faire dans la journée et prend connaissance des mails qui commencent à arriver sur son téléphone portable. Arrivé au bureau, il se dit qu'une fois de plus, très probablement, ses collègues vont faire des plaisanteries sur sa tenue. Il sait qu'il n'y a là rien de méchant, mais ce matin il n'a pas envie de rigoler. La seule chose qui lui importe, c'est d'allumer son ordinateur, de traiter les urgences et de préparer son rendez-vous avec le directeur. La plaisanterie ne manque pas : « Je crois que vous vous êtes trompé de bureau... pour les peintures, c'est à l'étage du dessus », mais Robin répond, la mine renfrognée : « Oui, oui, salut Adrien », avant de s'asseoir derrière son ordinateur et de se mettre au travail. Sa réaction suscite un silence un peu gêné de ses collègues.

Il y a des moments où l'on a envie de rire, où l'on se sent ouvert à la plaisanterie, et d'autres pas. Comment expliquer ces « changements d'humeur » ? Comment tenir compte de ces variations, qui peuvent survenir chez un même individu au fil de la journée ou des semaines ? Max Eastman en apporte une première explication[1] : « Les

---

1. Eastman M., *Plaisir du rire, op. cit.*

choses ne peuvent être comiques que si nous sommes dans un état particulier, l'humeur de jeu. Il peut y avoir une pensée ou un motif sérieux sous notre humour, nous pouvons être à demi sérieux et encore trouver une chose comique. Mais lorsque nous ne sommes pas du tout en humeur de jeu, lorsque nous sommes sérieux comme des papes, l'humour est une chose morte. » C'est bien ce que révèle l'anecdote de Robin.

Face à l'humour, un état d'esprit télique ou paratélique

Essayons de mieux comprendre les ressorts qui font qu'une personne se trouve dans une disposition favorable ou non à l'humour. Le psychologue américain Michael J. Apter[1] distingue deux états d'esprit : d'une part : l'état « télique »[2], qui tend vers un but précis et, d'autre part, l'état « paratélique », qui ne vise pas un but déterminé. Robin, quand les plaisanteries de ses collègues le laissent de marbre, est dans un état télique : il est entièrement mobilisé par les objectifs qu'il doit atteindre.

Fig. 27 – Les états d'esprit télique et paratélique

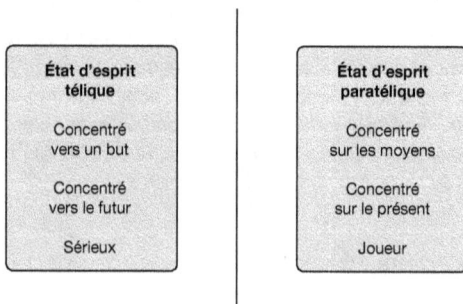

État d'esprit télique	État d'esprit paratélique
Concentré vers un but	Concentré sur les moyens
Concentré vers le futur	Concentré sur le présent
Sérieux	Joueur

---

1. Apter, M.J, « A structural-phenomenology of play », in Kerr J.H., Apter M. J. (dir..), *Adult play: a Reversal Rheory Approach*, Swets & Zeitlinger, Amsterdam, 1991, p. 13-29.
2. « Télique » provient du grec télos (τελος) qui signifie le « but ».

Il est concentré sur le futur. Lorsqu'il rit avec ses collègues, au contraire, il est dans un état paratélique, centré sur le présent et plus décontracté. Il peut alors plus facilement s'adapter à son environnement et se montrer réceptif à l'humour et au jeu.

La théorie du renversement

Est-ce à dire qu'une personne qui se trouve dans un état télique ne rira jamais d'une plaisanterie ? La théorie du renversement révèle au contraire que l'humour permet de passer d'un état à l'autre. Le chercheur Arthur Shurcliff a testé cet effet en faisant participer des étudiants à une expérience de laboratoire[1]. Les étudiants devaient notamment prendre un rat et le sortir de sa cage. Mais au moment d'effectuer l'opération, ils se rendaient compte qu'il s'agissait d'un rat en caoutchouc, ce qui suscitait sourires et rires. Alors qu'ils étaient très probablement arrivés dans un état télique, dans le but de participer à une expérience scientifique, un événement amusant les conduisait à penser que l'expérience était moins sérieuse qu'ils ne l'avaient imaginée et les faisait basculer dans un état paratélique.

À l'inverse, lorsque Robin répond d'un air renfrogné aux plaisanteries de ses collègues, on peut penser que ces derniers passent d'un état paratélique à un état télique. Avec son air sérieux qui rappelle à tous qu'il y a des objectifs ambitieux à atteindre et de façon urgente, Robin les incite à se remettre au travail.

Un individu est plus ou moins enclin à l'état télique ou à l'état paratélique. Comme l'explique le psychologue Rod Martin[2], les personnes qui présentent fréquemment un état paratélique sont plus disposées que les autres à rire, à sourire, à trouver matière à rire dans leur environnement

---

1. Shurcliff A.A., « Judged humor, arousal, and the relief theory », *Journal of Personality and Social Psychology*, vol. 8, n° 41, 1968, p. 360-363.
2. Martin R. A., « Telic dominance, humor, stress, and moods », *International Symposium on Reversal Theory*, Gregynog, 1984.

**Fig. 28 – Les états d'esprit télique et paratélique :
passage de l'un à l'autre**

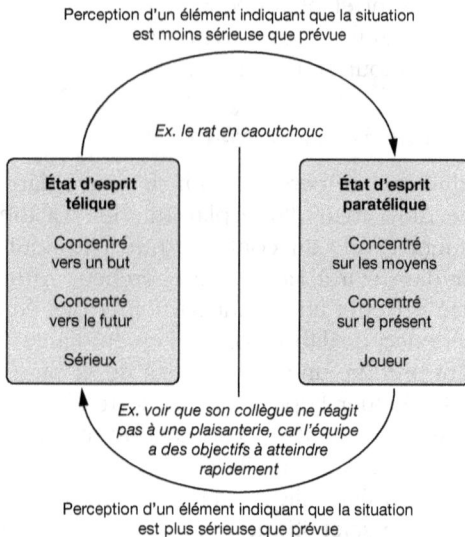

Perception d'un élément indiquant que la situation
est moins sérieuse que prévue

Ex. le rat en caoutchouc

**État d'esprit
télique**

Concentré
vers un but

Concentré
vers le futur

Sérieux

**État d'esprit
paratélique**

Concentré
sur les moyens

Concentré
sur le présent

Joueur

*Ex. voir que son collègue ne réagit
pas à une plaisanterie, car l'équipe
a des objectifs à atteindre
rapidement*

Perception d'un élément indiquant que la situation
est plus sérieuse que prévue

et à mobiliser l'humour pour combattre le stress. La capacité à être plutôt télique ou plutôt paratélique est liée à la capacité humoristique, que nous avons déjà développée.

L'échelle de dominance télique[1] vise à évaluer, chez un individu, sa prédisposition à l'état télique. Le questionnaire permet de mesurer à quel point une personne est sérieuse, planifie ses actes à l'avance et s'organise pour atteindre ses objectifs et, enfin, évite les états d'excitation.

Peut-on imposer à un individu d'adopter l'état d'esprit paratélique, ouvert à l'humour ? Le paradoxe est qu'en lui fixant un tel objectif, on le fait automatiquement tomber dans l'état télique, qui est concentré sur l'atteinte d'un but. C'est la raison pour laquelle Herb Kelleher, le PDG de Southwest Airlines, affirme que la dernière chose à

---

1. Murgatroyd S. *et al.*, « The Development of the Telic Dominance Scale », *Journal of Personality Assessment*, vol. 42, n° 5, 1978, p. 519-528.

faire pour diffuser l'humour dans son entreprise serait de demander à ses collaborateurs de faire de l'humour. Il faut trouver une autre façon de mettre les individus dans des conditions paratéliques afin qu'ils soient réceptifs à l'humour et se l'approprient.

Direction, managers, salariés : à chacun sa posture

La position que l'on occupe dans l'organisation n'est pas sans conséquence sur l'attitude que l'on adopte vis-à-vis de l'humour au travail. C'est une donnée supplémentaire à prendre en compte quand on souhaite faire de l'humour un projet organisationnel.

Ainsi, la direction peut hésiter à mettre en place un projet d'humour pour lequel il existe encore peu de retours sur expérience. De plus, l'humour est une pratique difficilement observable et quantifiable, ce qui peut être dissuasif. De manière générale, la direction se montrera intéressée par des arguments tangibles sur les conséquences sur l'humour pour l'organisation et par des préconisations concrètes. On peut lui proposer de commencer par une formation ou d'inclure le thème de l'humour dans un projet managérial plus global touchant un service donné. Si l'expérimentation réussit, on pourra plaider pour son déploiement dans d'autres entités. Comme pour tout projet toutefois, il est difficilement concevable de demander aux salariés de s'ouvrir à de nouvelles pratiques si la hiérarchie ne les met pas elle aussi en œuvre. C'est peut-être encore plus vrai avec l'humour qu'avec d'autres sujets.

Par ailleurs, la direction peut craindre que le développement de l'humour dans l'entreprise soit le catalyseur de certaines revendications. L'humour étant un révélateur des relations dans l'entreprise, cette crainte est légitime. Cependant, l'humour à lui seul ne créera pas des tensions. Il peut simplement rendre plus visibles les tensions existantes et leur permettre de s'exprimer plus facilement. Il peut porter au jour les mécontentements. Si cela suscite une crainte significative de la part de la direction, il sera utile, avant d'envisager de développer l'humour dans l'entreprise, d'analyser les revendications en présence et de réfléchir à des solutions pouvant y répondre.

Les managers sont probablement les plus réticents à manier l'humour et à laisser leur équipe le faire, de peur de perdre leur autorité. Il faut donc leur accorder une attention particulière dans le cadre d'un projet de développement de l'humour, d'autant plus qu'ils en constituent un relais incontournable.

Le management peut être tenté de faire passer l'humour par la culture de l'entreprise. Cela peut se résumer à des prescriptions (« Il faut rire ! ») et à l'organisation de sessions de *team building* avec activités amusantes (sketches d'humoristes, ateliers de dessins d'humour…). Dans ce cas, le management cherche à plaquer l'humour sur l'organisation sans tenir compte des prérequis nécessaires. Une campagne d'affichage assénant des slogans comme « riez au travail, l'humour a de nombreux bénéfices ! » sous-entend que les salariés sont passifs et facilement influençables. Ne risque-t-elle pas d'être contre-productive si elle n'est pas doublée par d'autres actions ? Nous poussons là l'exemple à l'extrême, convenons-en, mais cela permet de révéler les travers de ce type de démarche. Valoriser l'humour dans l'organisation, c'est aussi s'efforcer d'accroître le bien-être au travail qui va de pair avec la liberté de conscience et l'esprit critique. Le risque est qu'une campagne de communication instrumentalise l'humour et soit mal interprétée (« Faisons-les sourire pour mieux faire passer la pilule, et qu'importe ce qu'ils pensent ! »). Cela pose la question de l'appropriation consentie du changement dans une organisation. Car un changement n'est réellement efficace que s'il est accepté par les salariés.

Sous prétexte que l'humour accroît le bien-être au travail, et ce faisant la productivité, les managers risquent d'éluder une question centrale : comment l'humour permettra-t-il, par ses caractéristiques propres, de répondre à des problématiques organisationnelles plus globales ? D'une certaine façon, il ne faudrait jamais mettre en place un projet d'humour avec pour seul motif de rendre les collaborateurs plus souriants et par conséquent plus impliqués dans leur travail. Ce serait interprété comme une volonté de manipulation et se retournerait contre les promoteurs du projet. Dans la même veine, certains affirment que l'humour même satirique envers les managers constitue une « soupape de sécurité ». Il serait indiqué parce qu'il préserve la cohésion et l'harmonie dans l'organisation[1]. Or, si une once d'humour satirique peut effectivement contribuer à maintenir certains liens organisationnels, la situation peut dégénérer lorsque la satire se fait plus forte. C'est ce que montre l'étude de Susan Rodrigues et David Collinson sur l'entreprise de télécommunications brésilienne que nous avons évoquée plus haut.

Spécificités du développement de l'humour en entreprise

Dans la mesure où l'humour comporte une bonne dose d'incongruité et d'inattendu, les acteurs de l'entreprise le perçoivent comme un phénomène intangible, inexplicable, en opposition avec les projets bien concrets auxquels les organisations sont habituées (le déploiement d'un nouveau système informatique, la modernisation de l'offre...). Pour autant, favoriser l'humour au travail n'est pas une mission impossible ! Cela demande de tenir compte d'un certain nombre de spécificités liées au fonctionnement des organisations.

L'humour ne peut pas être quantifié ?

On ne peut le nier, le sens de l'humour d'une entreprise est difficilement objectivable et quantifiable. Mais d'autres caractéristiques qui paraissent elles aussi intangibles, comme le sens du service client, sont d'ores et

---

1. Collinson D. L., Rodrigues S. B., « Having fun? : humor as resistance in Brazil », *op. cit.*

déjà mesurées à l'aide d'indicateurs quantitatifs et qualitatifs : délais de réponse aux appels, taux de résolution
des réclamations, etc. Qui plus est, l'entreprise s'efforce
de plus en plus d'objectiver les comportements et les
perceptions : niveau de stress ou de bien-être d'une
équipe, renommée de la marque employeur, excellence
opérationnelle...

De même, certains indicateurs peuvent témoigner de
la présence de l'humour dans une organisation. La
difficulté réside dans le fait que l'humour au travail
est un sujet encore peu étudié et parfois même tabou
dans l'entreprise. On ne dispose que de rares retours
d'expérience sur les projets de développement de l'humour. Néanmoins, il est possible d'avancer quelques
pistes.

Comme pour tout dispositif portant sur le développement d'un trait culturel relativement intangible, on pourra
s'attacher à mesurer les éléments qui favorisent le comportement d'humour et ceux qui en découlent.

La difficulté est de trouver les bons indicateurs au regard
d'une organisation donnée. Les promoteurs du projet
doivent élaborer à cet égard une analyse sur mesure.

Fig. 29 – Trois étapes pour mesurer l'humour
dans une organisation

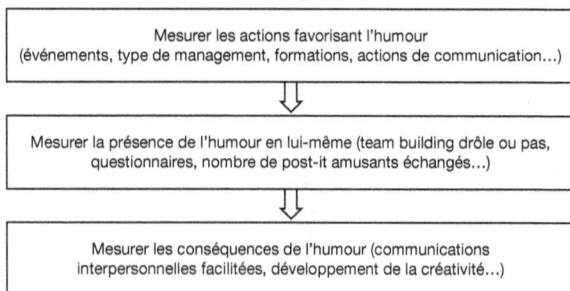

Mesurer les actions favorisant l'humour
(événements, type de management, formations, actions de communication...)

⇩

Mesurer la présence de l'humour en lui-même (team building drôle ou pas,
questionnaires, nombre de post-it amusants échangés...)

⇩

Mesurer les conséquences de l'humour (communications
interpersonnelles facilitées, développement de la créativité...)

L'humour ne peut pas être provoqué ?

Certains avanceront que l'humour étant par nature incongru et inattendu, il n'est pas possible de le provoquer de façon artificielle. Évidemment, attendre des salariés qu'ils plaisantent davantage est, en soi, une injonction paradoxale. Comment commander un comportement qui est le plus souvent spontané ? C'est oublier que la spontanéité n'est pas systématiquement présente dans l'humour. Lorsqu'on se rend à un spectacle comique, on y va bien pour rire – et on paie même pour cela ! Si le spectacle nous déçoit, nous ne sommes pas obligés de rire. Il en va de même pour les salariés : on peut créer des conditions favorables à l'humour dans l'organisation, mais on ne peut pas exiger qu'ils rient. Au contraire, l'absence de rire, lors d'une séance de théâtre en entreprise par exemple, est un signal que la direction doit prendre au sérieux : soit le spectacle a été mal conçu, soit les salariés ressentent un malaise qui ne les porte pas à rire.

Par ailleurs, le comique de répétition est un ressort bien connu des humoristes. Nous sommes donc capables de rire d'une situation ou d'une plaisanterie dont nous connaissons déjà la chute. Un trait d'humour n'a pas besoin d'être nouveau pour être drôle. Encore faut-il trouver celui qui fera l'unanimité et qui pourra être repris sans perdre de sa force comique.

Les réticences des managers face à l'humour

Un manager est tout entier concentré sur l'atteinte des objectifs de son équipe et la performance de ses collaborateurs. Il peut donc considérer que l'humour n'entre pas dans son champ de préoccupation. Utiliser l'humour ne va-t-il pas me faire perdre mon temps ? En pratiquant l'autodérision, est-ce que je ne risque pas de montrer mes défauts et de perdre mon statut ? L'humour ne va-t-il pas inciter mon équipe à être trop franche et à me déstabiliser ? Autant de questions qu'un manager est légitimement conduit à se poser, mais qui peuvent trouver des réponses en faveur de l'humour.

L'humour, une perte de temps ?

« Ne nous éparpillons pas, concentrons-nous, ne perdons pas de temps ! » C'est ce que certains s'entendront invariablement répondre s'ils glissent une blague en réunion ou entament une conversation professionnelle par une plaisanterie. L'idée reçue veut que l'humour déconcentre les interlocuteurs et leur fasse perdre de vue leur objectif. Au contraire, ne peut-il pas les aider à aller droit au but, et donc à gagner du temps ? Car l'humour facilite les échanges, instaure une confiance mutuelle et permet aux individus d'exprimer de nouveaux aspects de leur personnalité. Si l'humour est utilisé à bon escient, ce sont autant de gages d'efficacité et de créativité.

L'humour, une perte de statut ?

Parce que l'humour révèle des aspects personnels, les managers y voient le risque de se dévoiler, de réduire les distances et de mettre à mal l'autorité dont ils ont besoin quotidiennement. Or, pour les salariés, l'autorité est avant tout liée à la fonction et aux compétences de l'individu. À moins que le manager ne l'utilise pour se dénigrer ou ridiculiser ses collaborateurs, il y a peu de chance que l'humour suffise à entamer son statut. Le manager peut même en faire un atout, comme en témoigne ce directeur de site industriel : « Le sens de l'humour d'une personne en dit long sur elle. Si une personne s'autorise à se montrer, elle trahit une partie d'elle-même mais elle apprend aussi beaucoup de son interlocuteur. En montrant rapidement qui je suis, il devient plus facile pour moi de lire dans les autres[1]. »

Savoir rire de ses difficultés, ce n'est pas se dévaloriser. C'est se montrer plus humain et inviter les autres à vous aider. Ce faisant, on réduit son stress et celui de son entourage. C'est aussi la preuve que l'on est capable de prendre du recul et de ne pas se laisser démonter par une situation difficile. En ce sens, l'humour témoigne d'une certaine force de caractère.

---

1. Barsoux J.-L., « Why organizations need humour », *op. cit.*

D'ailleurs, une étude montre que les salariés qui jugent le sens de l'humour de leur chef développé apprécient d'autant ses qualités managériales dont l'intelligence, l'affirmation de soi, la compétence et l'amabilité[1].

> Je me sens comme un moustique dans un camp nudiste. Je sais ce qu'on attend de moi, mais je n'ai pas l'ombre d'une idée par où commencer[2].

Tel est l'aveu que fit un jour à ses salariés le responsable d'un département de maintenance, en manque criant de ressources. Par ce trait d'humour, il transmettait deux messages forts : d'une part, il se rendait compte que la tâche était très ardue et que tout le monde était dans le même bateau, d'autre part, il ne se positionnait pas comme l'unique détenteur de savoir, mais se montrait ouvert à toute suggestion de la part de son équipe. Qu'on se rassure, son autorité n'en fut pas écornée.

L'humour, vecteur de critique ?

Tous ceux qui en ont fait les frais le savent : une plaisanterie acerbe peut être dévastatrice. On comprend donc que certains managers soient réticents à ce que leurs équipes s'autorisent l'humour, de peur qu'une blague moqueuse ne fuse et n'ouvre le champ à la critique. Là encore, leur légitimité serait menacée. Mais si l'on impose certaines limites, ce type d'humour est aussi un moyen de déceler des problèmes au sein de son équipe et d'éviter la confrontation. À bon entendeur...

> – Pourriez-vous m'apporter une copie de fiche de poste ? demande un manager d'une entreprise du BTP à sa secrétaire.
> – Vous êtes d'humour surréaliste aujourd'hui, n'est-ce pas ? lui répond-elle[3].

---

1. Decker, W. H. « Managerial humor and subordinate satisfaction », *Social Behavior & Personality*, 15 (2), 1987, pp. 225-232.
2. Barsoux J.-L., « Why organizations need humour », *op. cit.*
3. *Idem.*

C'est une façon pour elle de glisser à son supérieur, de façon assez anodine, que les très nombreuses tâches qu'elle accomplit dépassent largement sa fiche de poste. Il n'aurait pas été acceptable qu'elle lui dise de but en blanc : « Je fais bien plus que ce qui est décrit dans ma fiche de poste. » Néanmoins, son chef a bien compris le message.

Il est donc important qu'un manager tolère un humour relativement critique, sans bien sûr accepter que l'on dénigre qui que ce soit. Cela l'aide à prendre en compte les remarques de ses collaborateurs afin d'y apporter des solutions si nécessaire. Ce faisant, il réaffirme son leadership.

L'humour pour briser les barrières

Quand il entre dans une pièce, tout le monde se tait et prend un air contrit, plus personne n'ose ouvrir la bouche… La présence d'un supérieur important, d'un cadre exécutif par exemple, a un effet inhibant sur certains. Ce cadre peut utiliser l'humour pour donner une touche de spontanéité aux échanges et mettre les gens à l'aise. C'est particulièrement utile dans des situations très formelles où chacun des acteurs s'apprête à jouer un rôle. L'humour ouvre alors la voie à des discussions plus ouvertes. Richard Valeriani raconte qu'Henry Kissinger usait de l'humour comme d'un « outil diplomatique » lors des négociations au sommet. Ses plaisanteries ouvraient la voie à d'autres plaisanteries et détendaient l'atmosphère[1].

Dans le monde économique également, l'humour est reconnu pour sa propension à nouer des liens plus rapidement : « L'humour entre des étrangers casse les barrières et crée une intimité peut-être temporaire, mais qui permet de faire en peu de temps ce qui, autrement, en aurait demandé beaucoup plus », explique Sir Brian Wolson, ancien PDG de l'entreprise de loisirs Wembley.

---

1. Valeriani R., *Travels with Henry,* Houghton Mifflin, Boston, 1979, p. 9.

Si l'humour a un tel effet désinhibant, c'est probablement parce qu'il introduit de la surprise dans des situations formelles et codifiées. Il provoque des réponses spontanées de la part des interlocuteurs.

Concrètement, comment un cadre exécutif peut-il mobiliser l'humour de façon appropriée dans le but de « briser les barrières » ? Plusieurs possibilités s'offrent à lui.

Il peut utiliser l'humour associatif par le biais d'une plaisanterie légère qui détendra l'atmosphère. Il peut aussi se prendre lui-même pour cible en utilisant l'humour rabaissant l'image de soi. Dans de telles circonstances toutefois, ce type d'humour est à manier avec précaution. Un cadre exécutif ne peut se dénigrer, même en plaisantant, qu'avec réserve. Enfin, il peut user d'un humour semi-agressif qui a l'avantage de pointer de façon humoristique la gêne occasionnée par la relation supérieur-subordonné.

Un directeur d'une grande entreprise d'assurances anglaise[1] raconte comment il brise les barrières hiérarchiques à l'occasion de conversations informelles avec des juniors.

> Je leur dis : « Je souhaiterais savoir ce que vous pensez vraiment... même si cela doit vous coûter votre travail. » Si, au bout d'un quart d'heure, ils sont encore en train de tourner autour du pot, ce qui arrive souvent, je leur dis : « Vous êtes les personnes les plus accommodantes que j'aie jamais rencontrées. Pourquoi ne me posez-vous pas une question gênante comme le montant de mon salaire, nos futurs plans sociaux ou nos projets d'acquisition ? » Et ils abandonnent leur attitude réservée. Je veux savoir ce qu'ils pensent vraiment. Ils ne poseraient pas de question embarrassante si je n'avais pas ouvert la voie avec humour.

---

1. Barsoux J.-L., « Why organizations need humour », *op. cit.*

Chapitre 6

Développez votre capacité d'humour

L'humour peut-il s'apprendre ? N'est-ce pas un trait de caractère inné ? Au fil des chapitres précédents, nous y avons apporté quelques réponses opérationnelles. Pour le reste, nous laissons la parole aux experts. Nous nous contenterons, pour notre part, de présenter nos recherches exploratoires sur les pratiques d'humour observées en entreprise et de livrer des outils qualitatifs et quantitatifs pour aider les professionnels à développer l'humour, individuellement et dans leur organisation.

« J'ai perdu le sens de l'humour depuis que j'ai le sens des affaires » : espérons contredire le businessman de l'opéra-rock *Starmania* ! Nous vous proposons ici cinq exercices d'investigation qui, dans une logique qualitative, vous aideront à mieux cerner votre rapport à l'humour. Quel est votre degré d'humour dans les sphères privée et professionnelle ? Quel est votre style d'humour ? Avez-vous une attitude plutôt « prométhéenne » ou « dionysiaque » ? Que pensent vos proches de votre humour ? Quelles formes d'humour pratiquez-vous ? Comment construire votre chemin humoristique ?

Quel est votre niveau d'humour ?

Voici un questionnaire visant à quantifier votre niveau d'humour en général, dans la sphère professionnelle et dans la sphère privée. Il s'avère en effet que l'on adopte souvent un comportement différent, en matière d'humour, selon que l'on est chez soi ou au travail. Le questionnaire comporte deux séries de quinze questions pouvant être analysées globalement ou séparément. Vous pouvez attribuer à chaque question entre 0 et 4 points :

- 0 point : jamais et je déteste ça ;
- 1 point : non et cela ne m'intéresse pas ;
- 2 points : parfois, quand les conditions s'y prêtent ;
- 3 points : oui, très souvent ;
- 4 points : toujours et systématiquement.

Vous obtiendrez pour l'ensemble du questionnaire un total compris entre 0 et 120 points, que vous pourrez traduire en pourcentage par une règle de trois (exemple : 30 points = 25 %). Vous vous situerez ainsi sur un baromètre d'humour individuel gradué de 0 à 100 *(fig. 31)*.

Le résultat obtenu est une valeur relative qui vous permet de positionner votre sens de l'humour sur les baromètres suivants : est-il plutôt développé, réservé, ponctuel ou absent ?

- Sens de l'humour développé : vous encouragez l'humour et vous vous sentez bien dans des environnements détendus. Attention à faire un bon usage de l'humour… et à ne pas passer pour un clown !
- Sens de l'humour réservé : vous attribuez de l'importance à l'humour et souhaitez le développer, tout en craignant de ne pas y arriver ou d'être mal jugé par votre entourage.
- Sens de l'humour ponctuel : vous savez prendre part à l'humour, sans le créer ni le rechercher. Vous appréciez l'humour, mais pas suffisamment pour en faire la promotion de façon active.
- Sens de l'humour absent : vous refusez l'humour au prétexte qu'il est superficiel, sans intérêt ou qu'il vous fait perdre votre temps.

Le même exercice peut être mené sur le questionnaire d'évaluation de l'humour au travail *(fig. 32)*. Agrégés, les résultats des deux questionnaires aboutissent à une évaluation globale.

Il est intéressant de croiser les résultats obtenus dans la sphère privée et dans la sphère professionnelle, afin de cerner les différentes façons dont vous mobilisez

Fig. 30 – Questionnaire d'évaluation de l'humour en privé

Première partie : Avez-vous de l'humour en privé ?					
	Jamais et je déteste ça (0 point)	Non et ça ne m'intéresse pas (1 point)	Parfois, quand les conditions s'y prêtent (2 points)	Oui, très souvent (3 points)	Toujours et systématiquement (4 points)
1. Riez-vous plusieurs fois par jour ?		×			
2. Faites-vous rire les autres ?	×				
3. Mobilisez-vous l'humour dans vos relations avec vos proches ?			×		
4. Mobilisez-vous l'humour dans vos relations avec les inconnus ?		×			
5. Recherchez-vous la compagnie de personnes qui vous font rire ?			×		
6. Êtes-vous attiré(e) avant tout par les dessins humoristiques et les comédies ?			×		
7. Ressentez-vous le besoin d'exprimer de l'humour ?			×		
8. Ressentez-vous le besoin d'entendre ou de voir des éléments humoristiques ?			×		
9. Votre entourage dit-il que vous avez le sens de l'humour ?			×		
10. Aimeriez-vous avoir un sens de l'humour plus développé ?			×		
11. Êtes-vous créatif(ve) et savez-vous exprimer une situation de manière humoristique ?		×			
12. Êtes-vous un conteur d'histoires ?	×				
13. Avez-vous en réserve des blagues et des citations ?	×				
14. Êtes-vous satisfait de votre manière de faire de l'humour ?			×		
15. Savez-vous rebondir et construire de l'humour avec les autres ?		×			
Total des points sur 60	16				
Total des points sur 100	13,3				

Fig. 31 – Les baromètres du sens de l'humour

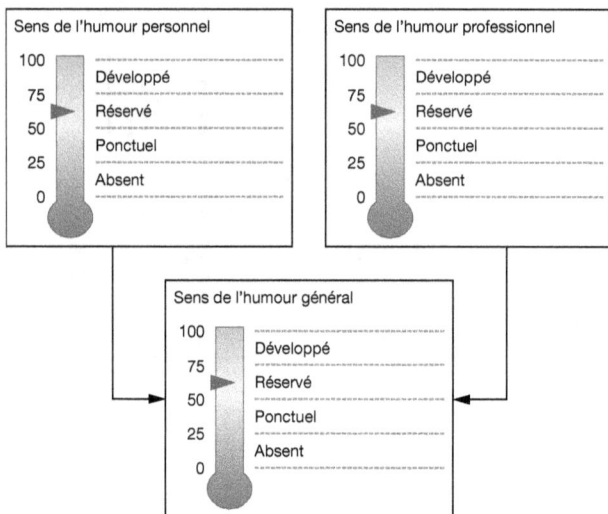

l'humour selon les contextes. À cet égard, on peut distinguer quatre profils, que nous illustrerons par les témoignages de personnes que nous avons interviewées :

• les « humour pro » : vous développez votre humour au travail, mais très peu dans le privé. Peut-être votre vie privée est-elle peu propice à l'humour et votre environnement professionnel davantage. Autre explication, vous adoptez volontairement un registre humoristique au travail, ou encore cette image vous colle à la peau : « On ne connaissait pas Pierre comme un joyeux luron, mais depuis le voyage d'entreprise il n'arrête plus ! » Vous travaillez peut-être dans un environnement où l'humour est une obligation, dans le domaine des loisirs ou du spectacle par exemple. Dans tous les cas, pourquoi laisser votre « nez rouge » au travail ? Pensez à rapporter une dose d'humour à la maison, en privilégiant d'autres formes que celles que vous mobilisez dans l'environnement professionnel ;

• les « humour privé » : l'humour est très présent dans votre vie privée, mais très peu au travail. Pour vous, l'environnement professionnel est par définition sérieux et

Développez votre capacité d'humour

Fig. 32 – Questionnaire d'évaluation de l'humour au travail

Seconde partie : Savez-vous faire preuve d'humour au travail ?	Jamais et je déteste ça (0 point)	Non et ça ne m'intéresse pas (1 point)	Parfois, quand les conditions s'y prêtent (2 points)	Oui, très souvent (3 points)	Toujours et systématiquement (4 points)
1. Mobilisez-vous l'humour régulièrement avec vos collègues ?			×		
2. Mobilisez-vous l'humour régulièrement avec vos subordonnés ?		×			
3. Mobilisez-vous l'humour régulièrement avec vos supérieurs ?	×				
4. Appréciez-vous que votre chef mobilise l'humour dans ses rapports avec vous ?		×			
5. Pensez-vous qu'il faille régulièrement faire des pauses humoristiques ?			×		
6. Préférerez-vous plaisanter avec vos collègues ou vous isoler pour être tranquille ?		×			
7. Faites-vous preuve d'autodérision au travail ?	×				
8. Lors d'une présentation orale, pensez-vous à introduire une pointe d'humour ?	×				
9. Êtes-vous de ceux qui provoquent l'humour ?		×			
10. Êtes-vous de ceux qui plaisantent quand la situation est tendue ?	×				
11. Avez-vous des dessins et/ou objets humoristiques dans votre environnement de travail ?			×		
12. Avant de faire une blague ou d'adopter un registre humoristique, faites-vous un test pour juger si votre auditoire est réceptif à l'humour ?		×		✓	
13. Prendriez-vous du temps supplémentaire pour rire avec vos collègues ?		×			
14. Proposez-vous des moments dédiés à l'humour ?		×			
15. Envoyez-vous à vos collègues par mail des blagues, vidéos ou dessins humoristiques ?			×		
Total des points sur 60	15				
Total des points sur 100	12,5				

Résultat global	
Sens de l'humour en privé	16
Sens de l'humour au travail	15
Sens de l'humour global	31 soit 25,83 %

ne peut pas cohabiter avec l'humour. Il ne laisse pas de place au plaisir ni à l'amusement : « Mes collègues ne sont pas mes amis, et j'ai toujours peur que le fait de changer de registre se retourne contre moi. Il y a des comportements propres aux relations de travail et des comportements propres aux situations en dehors du travail. Pour moi, l'humour appartient à la deuxième catégorie. Je travaille dans le secteur de la sécurité, et il n'y a qu'un tout petit pas entre se laisser aller et faire une erreur. » Si vous avez l'habitude de laisser votre humour à la porte du bureau, pourquoi ne tenteriez-vous pas d'analyser la réceptivité à l'humour de votre environnement professionnel ? S'il est « humour compatible », pourquoi ne pas risquer quelques jeux de mots pour faire sourire vos collègues ?

• les « humour sans frontière » : l'humour et le désir de faire rire vous accompagnent dans votre vie privée comme dans votre vie professionnelle. Ils font partie intégrante de votre personnalité et de votre mode de fonctionnement : « Me séparer de l'humour avant d'aller au travail, c'est un peu comme si vous demandiez à un avion de voler avec une seule aile ! » Quels que soient le lieu et l'environnement, l'important est que vous vous sentiez bien, et l'humour y contribue : « Pour moi, pas question de m'ennuyer au boulot, ça doit être la « fête du slip » tous les jours ! Quand je disais ça à mes collègues au début, ils étaient un peu embarrassés. Mais maintenant, je les surprends à utiliser mes expressions favorites. » Pour certains, l'humour est une forme de décontraction associée à la jeunesse et à son insouciance : « Je me suis surpris à être plus drôle avec les jeunes qu'avec les personnes de mon âge ou plus âgées. C'est un peu comme si je voulais leur montrer que j'étais "cool" et, comme eux, encore jeune. Il faut que j'arrive à être drôle avec mes ainés. » Si votre humour ne vous dessert pas et si vous savez vous arrêter quand il le faut, allez-y !

- les « humour au placard » : que le contexte soit privé ou professionnel, l'humour n'est pas votre tasse de thé. Par timidité (vous n'osez pas) ou par conviction (l'humour est inutile, voire néfaste), vous ne mobilisez pas l'humour comme moyen d'interaction, d'échange et de progrès : « Chez nous, il y a un clown triste, il ne rigole jamais et on a l'impression qu'il désapprouve totalement toute forme d'humour. Notre plus grand tort est sûrement de l'avoir marginalisé. » Le risque est que vous soyez exclu des échanges humoristiques entre collègues et, finalement, mis de côté. Si vous relevez de cette catégorie, interrogez-vous sur votre positionnement et sur ses causes, sur l'attitude que vous aimeriez développer vis-à-vis de l'humour et sur les moyens que vous pourriez mettre en œuvre pour vous initier à l'humour.

Sans que ces résultats n'aient été confirmés par des statistiques sur un large panel, la répartition de 63 personnes que nous avons interrogées au cours de notre enquête fournit une première indication intéressante sur les différents profils d'humour :

Fig. 33 – Matrice croisée de l'humour privé et professionnel

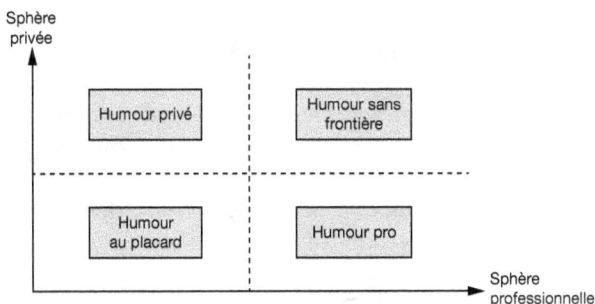

141

**Fig. 34 – Répartition des types d'humour
(enquête sur 63 personnes)**

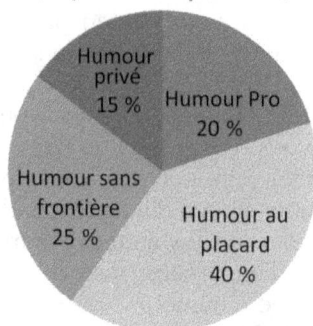

Source : Enquête « Humour au travail », 2010, Autissier D., Arnéguy E.

La population des « humour pro » et des « humour sans frontière » atteint 45 % de l'effectif total. On peut en déduire que moins d'une personne sur deux mobilise l'humour au travail. Il y a donc au bureau ce qu'un salarié appelle des « trous d'humour » : « Des fois on se marre, mais après il n'y a plus rien pendant de longs moments, et on se demande si on peut casser ce calme professionnel. Avec la crise, les gens ont peur et il y a de plus en plus de "trous d'humour", de moments froids. » Témoignage révélateur du besoin d'humour au travail, mais aussi des réticences à le mobiliser dans un environnement sérieux, et de la nécessité d'identifier les moments propices à faire de l'humour.

Êtes-vous prométhéen ou dionysiaque ?

Si nous mobilisons à présent deux grandes figures de la mythologie grecque, Prométhée et Dionysos, c'est qu'elles sont révélatrices de deux logiques qui imprègnent notre culture occidentale et qui s'opposent dans la place qu'elles accordent au plaisir et au rire. Elles peuvent vous aider à qualifier votre posture vis-à-vis des plaisirs, du travail, de la quête du divertissement ou de la connaissance.

Un bref rappel tout d'abord. Dionysos[1] (Bacchus pour les Romains) est le dieu de la vigne, du vin et des excès, mais aussi de la comédie et de la tragédie. Par extension, on le considère comme le dieu des plaisirs. Apôtre de l'ivresse et de l'extase, il aide les hommes à surpasser la mort et toute autre épreuve. Nous qualifierons de dionysiaque une attitude ouverte au divertissement, au plaisir, à l'humour. Par ailleurs, on raconte que Prométhée a créé les hommes à partir d'une motte d'argile, leur a donné le feu et leur a enseigné la métallurgie et d'autres arts. Ayant transmis la promesse de la connaissance à l'homme, il est considéré comme un vecteur d'humanité et de civilisation par opposition à la barbarie et à la luxure. Nous qualifierons de prométhéenne une attitude de vie concentrée sur la rigueur et le travail dans le but d'acquérir le maximum de connaissances, bannissant les divertissements et les plaisirs.

Que nous disent ces mythes sur notre société actuelle, et plus particulièrement sur le sujet qui nous occupe, le rire ? Pour y répondre, faisons un détour par un penseur de notre temps, le sociologue Michel Maffesoli[2]. Selon lui, les valeurs de nos sociétés évoluent vers le plaisir. Plus précisément, nous sommes passés du triptyque « État, science, morale » au triptyque « mondialisation, communication, plaisir ». La société est devenue polymorphe et les individus passent de tribu en tribu. La communication se substitue à l'action et à la production. Dans ce monde, il apparaît nécessaire et souhaitable de permettre aux individus de sortir d'une pure logique prométhéenne (de la raison) pour la compléter par des approches plus dionysiaques (permettant le plaisir). Les deux conceptions ne sont pas considérées comme opposées mais complémentaires.

---

1. Detienne M., *Dionysos à ciel ouvert*, Hachette, coll. « Pluriel », 1998.
2. Maffesoli M., *Le Temps des tribus*, La Table ronde, coll. « La Petite vermillon », 2000 ; et *Le Réenchantement du monde : une éthique pour notre temps*, Librairie académique Perrin, coll. « Tempus philo », 2009.

Le monde de l'entreprise ne doit-il pas suivre une même évolution ? Ne pourrait-il pas ouvrir des fenêtres dionysiaques grâce à l'humour dans un environnement parfois trop (et faussement) sérieux ? L'entreprise n'aurait-elle pas à mener une révolution dionysiaque, sans pour autant renoncer à la logique prométhéenne ?

Et vous, êtes-vous plutôt prométhéen ou dionysiaque ? Quelles circonstances vous incitent à passer d'une posture à l'autre ? Nous vous proposons un questionnaire d'autoévaluation dans lequel vous indiquerez votre posture habituelle dans différentes circonstances, dans un contexte privé et dans un contexte professionnel.

Fig. 35 – Questionnaire « êtes-vous plutôt dionysiaque ou prométhéen ? »

En environnement professionnel, êtes-vous plutôt...	Prométhéen	Dionysiaque	Remarques
En réunion de travail			
Lors d'une pause-café			
En déplacement professionnel			
Lors d'un déjeuner entre collègues			
En rendez-vous avec votre chef			
En rendez-vous avec vos collègues			
En cas de conflit avec un tiers			
En situation de crise			
Lors de la signature d'un contrat ou d'une réussite importante			
Lorsque vous produisez quelque chose			
Lorsque vous demandez une information à un collègue			
Quand vous donnez un ordre			
Quand vous faites une remarque contraignante à un collègue			

Dans un environnement privé, êtes-vous plutôt...	Prométhéen	Dionysiaque	Remarques
Lors d'un échange tendu avec des membres de votre famille			
À l'occasion d'un moment festif (exemple : anniversaire)			
Lors d'un échange tendu avec votre conjoint			
Lors d'un échange tendu avec vos enfants			
Lors d'un échange tendu avec vos parents			
Pendant vos loisirs et vacances			
Avec vos amis			
Lors de moments privilégiés (exemple : boire un verre avec des amis)			
Lors d'une promenade			
Quand vous consommez			

Que pensent vos proches de votre humour ?

Votre humour est-il perçu comme critique, créateur de liens, méchant ou comme un humour qui se rit de la vie ? Pour analyser le rôle que joue l'humour dans vos interactions sociales, voici un questionnaire inspiré de Rod Martin[1]. Attribuez à chacune des questions une note entre 1 et 7, selon l'échelle suivante.

Désapprouve totalement	Désapprouve modérément	Désapprouve légèrement	Neutre	Approuve légèrement	Approuve modérément	Approuve totalement
1	2	3	4	5	6	7

---

1. *Psychology Today*, juillet-août 2006.

Fig. 36 – Que pensent vos proches de votre humour ?
(inspiré de Rod A. Martin)

Dans quelle mesure approuvez-vous les affirmations suivantes ?	1	2	3	4	5	6	7
1. Si quelqu'un commet une erreur, j'ai tendance à le taquiner.							
2. Je permets aux autres de se moquer de moi ou de rire à mes dépens plus que je ne devrais.							
3. Je n'ai pas à trop me forcer pour faire rire les autres. Il semblerait que je sois naturellement sympathique.							
4. Même quand je suis seul, les absurdités de la vie me font rire.							
5. Les gens ne sont jamais offensés ou blessés par mon sens de l'humour.							
6. Je fais rarement rire les autres en racontant des histoires drôles sur moi-même.							
7. Je vois généralement les choses avec humour, ce qui m'évite d'être trop bouleversé ou de trop m'emporter.							
8. Lorsque je suis seul et que je me sens triste, je pense à des situations drôles pour me remonter le moral.							
9. Parfois je ne peux m'arrêter de faire rire les autres même si ce n'est pas très approprié.							
10. J'adore faire rire les autres.							
11. Quand je suis de mauvaise humeur, je perds mon sens de l'humour.							
12. Quand je suis avec des amis ou de la famille, je suis souvent celui ou celle dont on rit.							
13. Quand j'ai des problèmes ou que je suis triste, je me cache derrière l'humour de telle sorte que même mes amis les plus proches ne s'en rendent pas compte.							
14. Généralement, je ne trouve pas grand-chose d'intelligent à dire quand je suis avec les autres.							
15. Même si quelque chose est très drôle, je n'en ris pas si cela peut causer de la peine à autrui.							
16. Laisser les autres rire de moi est ma manière de les garder de bonne humeur.							
Total							

L'auteur du questionnaire propose une méthode d'évaluation qui peut se résumer par les règles de calcul suivantes.

- L'humour critique : commencer avec la question numéro 14, ajouter les réponses aux questions 1 et 9, puis soustraire les réponses des questions 5 et 15.
- L'humour créateur de liens : commencer avec la question numéro 7, ajouter les réponses aux questions 3 et 10, puis soustraire les réponses des questions 6 et 14.
- L'humour méchant : ajouter vos réponses aux questions 1, 12, 13 et 16.
- L'humour pour rire de la vie : commencer avec la question numéro 3, ajouter vos réponses aux questions 4, 7 et 8, puis soustraire les réponses de la question 11.

Calculez ainsi votre score pour chacune des catégories, vous permettant ainsi d'apprécier quelle forme d'humour vous privilégiez. Vous pourrez ainsi qualifier votre humour en recherchant les catégories pour lesquelles vous avez les scores les plus importants.

Quelles formes d'humour pratiquez-vous ?

Comme nous l'avons vu précédemment, l'humour s'exprime par douze manifestations principales : les blagues ; les jeux de mots ; les dessins ; les affiches ; le théâtre d'entreprise ; les gadgets et objets ; les jeux en réunion ; les films ; les imitations et parodies ; les espaces dédiés ; les shows comiques ; les canulars. Les cinq premières manifestations sont le fait des individus, les sept autres d'une décision collective. Parmi toutes ces catégories, notre enquête nous a permis d'identifier celles qui étaient les plus fréquentes et le public qu'elles concernaient. Vous reconnaîtrez-vous dans ce panorama ? Et vous, quel humour pratiquez-vous et quelle forme d'humour appréciez-vous ? Vos pratiques et vos aspirations sont-elles convergentes ou divergentes ?

Il est utile de vous situer individuellement sur le graphique *(fig. 38)*, mais aussi d'évaluer la réceptivité de

Fig. 37 – Fréquence de la pratique de l'humour et formes d'humour privilégiées

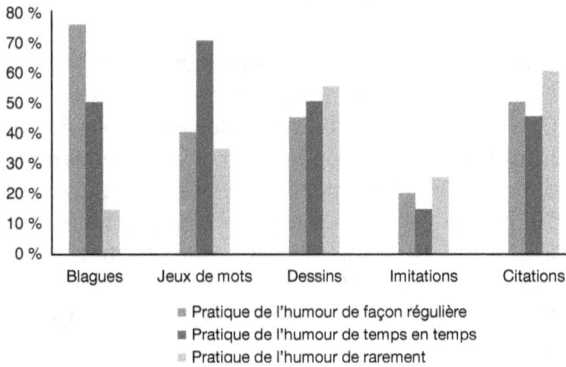

- Pratique de l'humour de façon régulière
- Pratique de l'humour de temps en temps
- Pratique de l'humour de rarement

Source : Enquête « Humour au travail », 2010, Autissier D., Arnéguy E.

votre organisation à telle ou telle manifestation d'humour. Si votre équipe est très peu familière de l'humour par exemple, elle pourra être déroutée par des blagues trop abruptes. Les citations ou les dessins, qui maintiennent davantage de distance entre l'individu et le sujet, peuvent être une pratique plus adaptée. Si votre équipe se montre déjà ouverte à l'humour, les jeux de mots seront particulièrement appréciés. Dans tous les cas, les imitations recueillent peu de suffrages.

Le graphique révèle notamment que les personnes qui pratiquent régulièrement l'humour font principalement des blagues. Celles pour qui l'humour est occasionnel en revanche plébiscitent les jeux de mots. La diffusion de dessins d'humour et les imitations sont rares, et souvent en complément de l'expression d'humour dominante. Enfin, les personnes qui mobilisent rarement l'humour aiment les citations : celles-ci n'engagent que leurs auteurs et n'impliquent guère celui qui se contente de les rapporter.

Mais entre les pratiques et les désirs, il y a parfois un fossé... À la question « quelles formes d'humour aimeriez-vous développer ? », les réponses des personnes interrogées sont sans équivoque quelle que soit la fréquence avec laquelle elles pratiquent l'humour. Voici à quoi ressemble « l'humoriste du quotidien » idéal. Tout d'abord, il sait faire de bons jeux de mots. Il doit ensuite savoir faire des dessins humoristiques. Il doit retenir un maximum de citations, avoir un stock de blagues et enfin montrer des dons d'imitation. On constatera que les talents d'humour les plus appréciés sont aussi les plus créatifs, les plus personnels et les plus adaptés au contexte : inventer un jeu de mots qui colle à une situation, produire ses propres dessins. Viennent ensuite les qualités qui font appel à la reproduction : connaître et répéter des citations ou des blagues, imiter quelqu'un d'autre.

Il ne reste plus qu'à pratiquer… Voici quelques pistes pour se lancer dans cinq formes d'humour.

Raconter des blagues

La blague est une forme d'humour très répandue et accessible : nous pouvons tous en retenir ou en inventer. On peut facilement modifier et adapter les blagues à un contexte ; l'appropriation par l'auditoire est d'autant plus facile. La blague crée une rupture et introduit un moment de détente. Qui n'a pas spontanément tendu l'oreille quand un collègue a lancé à la cantonade : « Je vais vous raconter une bonne blague » ? Le spectre est large depuis les blagues les plus lourdes jusqu'aux plus légères… et l'appréciation dépend de l'auditoire. À vous de trouver celles qui feront mouche ! Les blagues spirituelles sont extrêmement prisées. Celles qui s'attaquent à des tabous et réveillent en nous un désir de transgression ont aussi du succès. Dans tous les cas, ne commencez une blague que si vous vous souvenez de la fin, et mettez-y le ton !

Faire des jeux de mots

Faire un jeu de mots est un exercice délicat. Mais quand un bon mot est réussi, le succès est assuré. Le jeu de mots est très contextualisé : tout son intérêt réside dans le décalage qu'il introduit avec le réel.

> *Une réunion c'est comme de la lessive, on passe son temps à laver plus blanc que blanc ! (Dans une réunion où tout le monde s'ennuie).*
>
> *Les erreurs les plus courtes sont toujours les meilleures !*
>
> *Les manchots étaient à deux doigts d'en venir aux mains[1].*
>
> *« En voulant le changement, j'ai créé de l'immobilisme et je ne sais plus comment l'arrêter » (Edgar Faure).*
>
> *« Il vaut mieux penser le changement que changer le pansement » (Francis Blanche).*

Les jeux de mots jouent sur les consonances et les dissonances, le rapprochement incongru de termes opposés, le détournement d'expressions courantes. Cette forme sophistiquée les distingue des citations pures où ce qui importe avant tout est le sens.

Faire des citations

Puisque nous nous intéressons à l'humour au travail, pourquoi ne pas commencer par des citations qui s'appliquent tout particulièrement à l'entreprise et à ses managers[2] ?

> *« Travailler en collaboration, cela veut dire prendre la moitié de son temps à expliquer à l'autre que ses idées sont stupides » (Georges Wolinski).*
>
> *« On ne se débarrasse pas d'une habitude en la flanquant par la fenêtre, il faut lui faire descendre l'escalier marche par marche » (Mark Twain).*

Quelques citations sur l'humour à présent.

> *« L'humour est la forme la plus saine de la lucidité » (Jacques Brel).*
>
> *« La seule chose absolue dans un monde comme le nôtre, c'est l'humour » (Albert Einstein).*
>
> *« L'humour ne se résigne pas, il défie » (Sigmund Freud).*

---

1. Noguez D., *L'Arc en ciel des humours,* Le Livre de poche, 2010.
2. Boyer L., Bureau R., *Le Management des hommes en citations…, op. cit.*

*« L'humour est le plus court chemin d'un homme à un autre »
(Georges Wolinski).*

*« L'humour est une façon de remettre en question les choses
qu'on considère comme intouchables » (Jean-Louis Bory).*

Faire ou diffuser des dessins

Malheureusement, faire des dessins n'est pas à la portée
de tout le monde - surtout des dessins d'humour ! Si vous
avez ce talent, vous savez déjà à quel point il est apprécié et recherché. Si vous n'avez pas cette chance, vous
pouvez piocher dans la mine de dessins humoristiques,
de presse notamment, qui sont consacrés à l'entreprise
(Gabs, Pessin...). Dans l'environnement professionnel
plus encore qu'en privé, on aime s'échanger des dessins
d'humour. Ils en disent souvent long sur le ressenti du
personnel vis-à-vis de leur organisation. C'est la voie offi-
cieuse du dessin.

Les entreprises recourent volontiers à des dessinateurs,
par exemple pour illustrer en direct et avec humour un
séminaire. Le dessin présente l'intérêt de marquer les
esprits, de laisser une trace pérenne et de se transmettre
facilement.

Faire des imitations

L'imitation demande, elle aussi, un talent hors pair. Elle ne souffre pas la médiocrité. Une imitation ratée vous desservira plus qu'elle ne vous mettra en valeur. Mais qui ne s'est pas aventuré à singer un collègue ou un supérieur ? Il est plus facile d'imiter des personnages hauts en couleur, qui font preuve au naturel d'une certaine exagération, que des figures plus lisses, plus consensuelles. De grands imitateurs comme Yves Lecoq ou Nicolas Canteloup racontent par exemple qu'il est plus facile d'imiter Isabelle Adjani que Claire Chazal, qui présente trop peu d'aspérités. Car l'imitation ne se contente pas de reproduire, elle amplifie, caricature. On aime aussi placer les personnes que l'on imite dans des situations incongrues, leur faire tenir des propos déplacés. Enfin, l'imitation permet de faire passer des critiques que l'on n'oserait pas exprimer de but en blanc.

Les exercices et les pistes que nous vous avons proposés ont pour but de vous aider à comprendre votre comportement vis-à-vis du phénomène polymorphe qu'est l'humour : à quel humour êtes-vous sensible, pour quelle forme d'humour êtes-vous doué, comment votre entourage perçoit-il votre humour ? Pensez-vous devoir vous améliorer dans certains domaines, si, par exemple, vous n'osez pas lancer les bons mots qui vous viennent à l'esprit ou si vos collègues trouvent votre humour trop corrosif ? À chacun de tracer le chemin qui le conduira à mieux maîtriser l'humour.

Construisez votre chemin d'humour

Vous avez maintenant une meilleure perception de vos atouts et de vos faiblesses en matière d'humour. Vous avez identifié les formes d'humour les plus adaptées aux contextes que vous rencontrez, notamment professionnels. Comment vous engager dans un parcours d'apprentissage qui vous permettra de tirer tous les bienfaits de l'humour ? Nous vous proposons de tracer votre propre « chemin d'humour » *(fig. 38)*. À chaque étape de ce chemin, choisissez celle qui vous correspond.

Le chemin commence par une interrogation quasi existentielle : « Avez-vous oui ou non de l'humour ? » Pour y répondre, ne voyez pas le sens de l'humour comme une forme d'excellence qui serait réservée à quelques individus particulièrement brillants. Il s'agit plutôt d'une sensibilité humoristique. Êtes-vous attiré par l'humour ? Avez-vous envie d'humour dans votre environnement quotidien ? Si oui, êtes-vous prêt à y contribuer ? Si vous constatez que vous n'avez pas de sensibilité à l'humour, est-ce délibéré ou est-ce involontaire ? Considérez-vous l'humour comme une subversion et une dérive qu'il faut corriger au profit du sérieux et de la rigueur ? Si tel est le cas, ne pouvez-vous pas envisager qu'il existe un « autre monde », celui de l'humour et du plaisir, qui n'est pas incompatible avec le travail ? Si vous souhaitez faire davantage d'humour mais n'osez pas, quelles raisons vous retiennent ? Sont-elles culturelles, personnelles ? Essayez alors de définir vos freins à l'humour et d'en tenir compte dans le programme de formation que vous définirez.

Si votre sensibilité à l'humour est présente et affirmée, à quelles occasions l'exprimez-vous ? Si vous cherchez à faire de l'humour en permanence et en toutes circonstances, n'avez-vous pas intérêt à rechercher plus de mesure, pour ne pas risquer d'être déconsidéré par votre entourage ? Au contraire, pratiquez-vous l'humour uniquement dans des circonstances bien déterminées, comme un pot entre collègues ou une sortie entre amis ? N'y a-t-il pas lieu de le mobiliser davantage ?

En fonction de vos compétences et de vos appétences, mais aussi de vos ressources, vous pouvez ainsi identifier les formes d'humour à privilégier.

Observez aussi votre entourage, votre équipe, vos collègues et vos supérieurs : comment réagissent-ils face à une manifestation d'humour ? Quel est leur seuil de tolérance à l'humour ? Pour eux, certains types d'humour sont-ils proscrits et d'autres autorisés ? Analysez, sur une semaine, les situations au cours desquelles vous avez fait preuve d'humour : était-il bien utilisé ou déplacé, avec quelles personnes et dans quels contextes ? Car avoir le sens de l'humour, c'est aussi savoir identifier les moments où l'on peut rire et ceux où l'on doit s'en abstenir. « L'humour est impitoyable. Nous n'avons pas droit à l'erreur. La moindre erreur sur le moment, le style et les personnes peut conduire à la catastrophe. Catastrophe certes relative, mais passer pour un imbécile n'est jamais agréable ! » Ce témoignage recueilli au cours de notre enquête montre que l'exercice demande de la mesure. Comme le résume un dirigeant d'entreprise : « L'humour est un assaisonnement qui ne doit jamais devenir le plat principal. »

Avant de vous lancer, il faut donc vous interroger sur votre comportement et celui de votre entourage. En cela, le recours à un conseil extérieur peut s'avérer très utile : il vous offrira un regard objectif sur vous et votre organisation. Il vous aidera à prendre du recul et à mettre des mots sur un ressenti individuel et collectif de l'humour. En d'autres termes, il vous apprendra à faire de l'humour une arme de séduction.

Pour vous aider dans ce travail d'introspection quant à votre capacité humoristique, nous vous proposons le schéma suivant, que nous avons nommé « le chemin de l'humour ». Cela consiste à répondre à une série de questions de manière binaire (Avez-vous de l'humour ? Oui ou non) ou à des questions qualitatives (Si vous avez de l'humour, le pratiquez-vous tout le temps, dans les moments conviviaux ou de manière inattendue ?).

La lecture de ce schéma pour vous décrire peut donner un court diagnostic du type « J'ai de l'humour de manière inattendue par jeux de mots pas toujours bien utilisés » vous amenant à vous interroger sur le comportement humoristique que vous avez et que vous aimeriez développer et ce qu'il serait envisageable par une réflexion et/ou une formation.

Fig. 38 – Construisez votre chemin d'humour

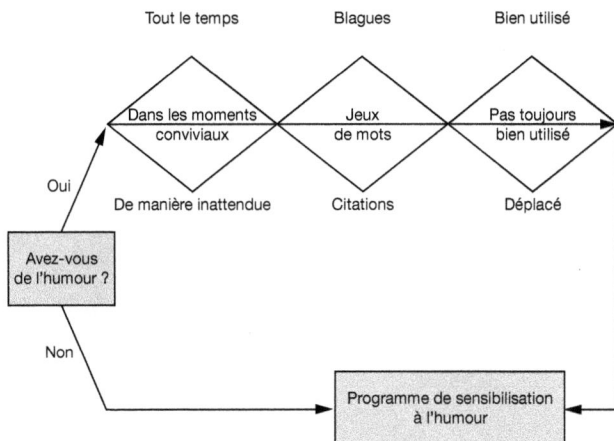

Conclusion

Eh bien, riez maintenant ! En paraphrasant La Fontaine, pourrait-on réconcilier la fourmi laborieuse et la cigale bonne vivante ? Car on le sait maintenant, le rire et le travail ne s'opposent pas ; ils s'enrichissent l'un l'autre. L'humour trouve un terrain propice dans le jeu de rôles qu'est l'entreprise. Le travail, lui, trouve dans l'humour une source de motivation, d'engagement, de créativité, de solidarité et de bien-être des salariés. Pourtant, les idées reçues sont tenaces : nombreux sont ceux qui associent encore l'environnement professionnel et le sérieux, le rire et l'inefficacité. Il est vrai que les recherches sur le rire au travail sont encore jeunes. Mais d'ores et déjà, un faisceau de preuves se dégage : l'humour fait du bien aux entreprises et à leurs salariés.

L'humour réintroduit une dimension humaine dans les relations professionnelles. Il fait appel à notre sensibilité et à notre intelligence. Il peut nous toucher au plus profond de nous-mêmes, positivement ou négativement. Il faut donc prendre des précautions avant de le mobiliser. Dans l'entreprise en particulier, où les relations sont très codées, on ne rit pas de tout avec n'importe qui et n'importe quand. Utiliser l'humour à bon escient demande du discernement sur soi-même, sur ses propres capacités à faire rire et sur les limites à respecter. Cela implique aussi de bien comprendre son entourage professionnel : quelle forme d'humour est acceptable par les collaborateurs et les supérieurs ? Jusqu'où aller ? Quels sujets faut-il éviter ? Surtout, comment tirer parti de tous les bienfaits de l'humour pour en faire un levier de performance individuelle et collective ?

S'interroger sur la place de l'humour dans l'entreprise, c'est réfléchir aux forces et aux faiblesses de l'organisation.

Car certains problèmes ne trouvent d'expression que dans les blagues qui circulent entre les salariés ou dans des railleries apparemment anodines. Ce sont autant de signes faibles mais hautement révélateurs d'un mal-être, de tensions ou de critiques. Le manager a tout intérêt à les écouter, car l'humour porte au jour les difficultés mais aide aussi à les résoudre. En recourant à l'humour, il instaure la confiance, libère la parole et crée un terrain propice pour désamorcer les conflits et trouver des solutions nouvelles.

En cela, l'humour conduit à repenser les relations hiérarchiques et les modes de management. Faire entrer l'humour dans l'entreprise, c'est accepter que les individualités s'expriment avec liberté. C'est accepter la part d'inattendu qui est le propre des relations humaines, et que les processus ne sauraient enfermer complètement. En d'autres termes, c'est remettre l'homme au cœur de l'organisation.

Index

Bibliographie

Apter, M. J., « A structural-phenomenology of play », in Kerr J.H., Apter M. J. (dir.), *Adult play : a Reversal Rheory Approach*, Swets & Zeitlinger, Amsterdam, 1991, p. 13-29.

Aristote, *Rhétorique*, Flammarion, 2007.

Atkins, C. P., & Kent, R. L., *Hiring characteristics: Employer preferences vs. student preferences & perceptions*, Annual National Conferences of American Speech-Language-Hearing Association Detroit, Michigan, novembre 1986.

Autissier D., *C'est n'importe quoi !*, Eyrolles, 2006.

Babad, E. Y., « A multi-method approach to the assessment of humor : a critical look at humor tests », *Journal of Personality*, 42 (4), 1974, p. 618-631.

Bachman W., « Nice Guys Finish First : A SYMLOG Analysis of US Naval Commands », in Polley R. B., Hare A. P., Stone P. J. (dir.), *The Symlog Practioner: Applications of Small Group Research*, Praeger, Westport, 1988.

Barbour G., « Want To be a successful manager ? Now that's a laughing matter! », *Public Management*, vol. 80, n° 7, juillet 1998, p. 6-9.

Barsoux J.-L., « Why organizations need humour », *European Management Journal*, vol. 1, n° 5, 1996.

Barth I., *L'humour : quelle contribution à la performance de la relation ? Observation participante de situations de relations commerciales et managériales*, 75ᵉ Congrès de L'AFCAS, 2007.

Basch J., Fisher C. D., « Affective events-emotions Matrix : a classification of job-related events and emotions experienced in the workplace », in *Emotions in the Workplace : Research, Theory and Practice*, Ashkanasy N., Zerbe W., Hartel C., (dir.), Quorum Books, Westport, 2000, p. 36-78.

Baudelaire C., *L'Essence du rire*, Sillage, 2008.

Bergson H., *Le Rire*, PUF, 2007.

Boyer L., Bureau R., *Le Management des hommes en citations. 650 citations d'Allais à Yourcenar,* Editions d'Organisation, 2000.

Braverman T., Petrini C., « Enhance Your Sense of Self-Mirth », *Training & Development*, vol. 47, n° 7, juillet 1993, p. 9.

Brown R. V., Keegan D., « Humor in the hotel kitchen », *Humor : International Journal of Humor Research*, vol. 12, n° 1, 1999, p. 47-70.

Bryant J., Zillman D., « Misattribution Theory of Tendentious Humor », *Journal of Experimental Social Psychology*, vol. 16, n° 2, 1980, p. 146-160.

Collectif, *Les Risques psychosociaux - Identifier, prévenir, traiter* Éditions Lamy, collection « Lamy Axe Droit », 2010.

Collinson D. L., Rodrigues S. B., « Having fun ? : humor as resistance in Brazil », *Organization Studies,* vol. 16, n° 5, 1995, p. 739.

Cooper C. D., « Just joking around ? : Employee humor expression as an ingratiatory behavior » [document interne]. Dallas : Southern Methodist University, Cox School of Business, Department of Management and Organisation, 2002.

Cooper C., « Elucidating The Bonds Of Workplace Humor : A Relational Process Model », *Human Relations*, vol. 61, n° 8, août 2008, p. 1 087-1 115.

Cosseron C., *Cahier d'exercices pour rire davantage*, ESF Editeur, 2010.

Cosseron C., *Remettre du rire dans sa vie. La Rigologie mode d'emploi,* Robert Laffont, 2009.

Decker W. H., Rotondo D. M., « Relationships among gender, type of humor, and perceived leader effectiveness », *Journal of Managerial Issues,* vol. 13, n° 4, 2001, p. 450-465.

Decker W. H., « Managerial humor and subordinate satisfaction », *Social Behavior & Personality*, 15 (2), 1987, pp. 225-232.

Detienne M., *Dionysos à ciel ouvert*, Hachette, coll. « Pluriel », 1998.

Devos R., *Matière à rire,* Plon, 2006.

Dews S., Kaplan J., Winner E., « Why not say it directly ? The social functions of irony », *Discourse Processes*, vol. 19, n° 3, 1995, p. 347-367.

Dixon N. F., « Humor : a cognitive alternative to stress ? », in Sarason I. G., Spielberger C. D. (dir..), *Stress and Anxiety*, vol. 7, Hemisphere, Washington, 1980, p. 281-289.

Eastman M., *Plaisir du rire,* Société d'édition d'enseignement supérieur, Lille, 1958.

Eco U., *Le Nom de la rose,* Livre de Poche, 1990.

Eysenck H., « The appreciation of humour : an experimental and theoritical study », *British Journal of Psychology*, n° 32, 1942, p. 295-309.

Feingold A., Mazzella, R., "Psychometric Intelligence and Verbal Humor Ability", *Personality & Individual Differences, vol.* 12, n° 5, 1991, p. 427-435.

Fischer S., Fischer R.L., *Pretend the World is Funny and Forever : A Psychological Analysis of Comedians, Clowns and Actors,* Erlbaum, Hillsdale, 1981.

Fisher C. D., « Mood and emotions while working : missing pieces of job satisfaction ? », *Journal of Organizational Behavior,* vol. 21, 2000, p. 185-202.

Francis L. E., « Laughter, the best mediation: humor as emotion management in interaction », *Symbolic Interaction,* vol. 17, n° 2, 1994, p. 147-163.

Freud S., « Humour », *International Journal of Psychoanalysis*, vol. 9, n° 1-6, 1928.

Freud S., *Le Mot d'esprit et sa relation à l'inconscient*, Gallimard, coll. « Folio Essais », 1992.

Gardner H., *Leading Minds : An Anatomy of Leadership*, Basic Books, New York, 1995.

George J. M., « Leader positive mood and group performance: the case of customer service », *Journal of Applied Psychology*, vol. 25, n° 9, 1995, p. 778-794.

Gérard L., « La communication interne traverse une passe difficile », *Entreprise et Carrières*, n° 965, 25 août 2009.

Gibson D., « Humor consulting: laughs for power and profit in organizations », International Journal Of Humor Research, vol. 7, n° 4, 1994, p. 403-428.

Goldstein J.H., McGhee P.E., *The Psychology of Humor*, Academic Press, New York, 1972.

Goleman D., Boyatzis R., McKee A., *L'Intelligence émotionnelle au travail*, Village mondial, 2005.

Greatbatch D. D, Clark T. T., « Laughing with the gurus », *Business Strategy Review,* vol. 13 (3), 2002, p. 10-18.

Gruner C. R., « Wit and Humour in mass communication », in *Humor and laughter : Theory, research, and applications*, Chapman A. J., Foot H. C. (dir.), Transaction Publishers, New Jersey, 1995.

Hatch M. J., *Théories des organisations : De l'intérêt de perspectives multiples.* Éditions De Boeck Université, 2000.

Henman L. D., « Humor as a coping mechanism : lessons from POWs », *Humor : International Journal of Humor Research,* vol. 14, n° 1, 2001, p. 83-94.

Henman L. D., « Humor as a coping mechanism : lessons from POWs »,

Hobbes T., *De la nature humaine,* Actes Sud, coll. « Babel », 1999.

Holt J., *Petite Philosophie des blagues et autres facéties,* 10/18, 2009.

Ibid.

Isen A. M., « Positive affect », in *Handbook of Cognition and Emotion*, Dagleish T., Power M., (dir.), Wiley, Chichester, 1999.

Isen A. M., Daubman, K. A., Nowicki G. P., « Positive affect facilitates creative problem solving », *Journal of Personality and Social Psychology*, vol. 52(6), juin, 1987. p. 1 122-1 131.

Janes L. M., Olson J. M., « Jeer pressure : the behavioral effects of observing ridicule of others », *Personality and Social Psychology Bulletin*, vol. 26, n° 4, 2000, p. 474-485.

Janus S., « The great comedians : personality and other factors », *American Journal of Psychoanalysis*, vol. 35, n° 2, 1975.

Kallen H. M., *Liberty, Laughter, and Tears : Reflections on the Relations of Comedy and Tragedy to Human Freedom*, Northern Illinois University Press, De Kalb, 1968.

Kölher G., Ruch W., « Sources of variance in current sense of humor inventories : how much substance, how much method variance ? », *Humor : International Journal of Humor Research*, 9 (3/4), 1996, p. 363-397.

Koppel M. A., Sechrest L., « A multitrait-multimethod matrix analysis of sense of humor », *Educational & Psychological Measurement*, 30(1), 1970, p. 77-85.

Lefcourt H. M., Davidson-Katz K., Kueneman K., « Humour and Immune System Functioning », *Humor : International Journal of Humor Research*, vol. 3, 1990, p. 305-321.

Lynch O., « Cooking with humour : In-group humor as social organization », *Humor : International Journal of Humor Research*, vol. 23, n° 2, 2010, p. 127-159.

Lynch O., « Humorous communication : Finding a place Place for humor in communication research », *Communication Theory*, vol. 12, n° 4 (2002), p. 423-445.

Maffesoli M., *Le Temps des tribus*, La Table ronde, coll. « La Petite vermillon », 2000 ; et *Le Réenchantement du monde : une éthique pour notre temps,* Librairie académique Perrin, coll. « Tempus philo », 2009.

Manne S. *et al.,* « Couples' support-related communication, psychological distress, and relationship satisfaction among women with early stage breast cancer », *Journal of Consulting & Clinical Psychology,* vol. 72, n° 4, 2004, p. 660-670.

Martin R. A., « Telic dominance, humor, stress, and moods », *International Symposium on Reversal Theory*, Gregynog, 1984.

Martin R. A., *The Psychology of Humor*, Elsevier Academic Press, Burlington, 2007.

Martineau W. H., « A model of the social functions of humor », in Glodstein J. H., McGhee P. E. (dir.), *The Psychology of Humor : Theoretical Perspectives and Empirical Issues*, Academic Press, New York, 1972, p. 101-125.

Mers R. W., Pollio H. R., « Predictability and the appreciation of comedy », *Bulletin of the Psychonomic Society*, vol. 4, n° 4-A, 1974, p. 229-232.

Morreall J., « Humor and work », *Humor : International Journal of Humor Research,* vol. 4, n° 3-4, 1991, p. 359-373.

Murgatroyd S. *et al.,* « The Development of the Telic Dominance Scale », *Journal of Personality Assessment*, vol. 42, n° 5, 1978, p. 519-528.

Myers K., Scott C., Tracy S., « Cracking jokes and crafting selves : sensemaking and identity management among

167

human service workers », *Communication Monographs*, vol. 73, n° 3, 2006, p. 283-308.

Nerhardt G., « Incongruity and inclination to laugh : emotional reactions to stimuli of different divergence from a range of expectancy », *Scandinavian Journal of Psychology*, vol. 11, n° 3, , 1970, p. 185-195.

Newstrom J. W., « Making work fun : an important role for managers », *SAM Advanced Management Journal (07497075)*, 67, 1, 2002, p. 4.

Noguez D., *L'Arc-en-ciel des humours*, Le Livre de poche, 2010.

Perronau M., « Rire au bureau : essayez, vous bosserez mieux ! », *Management*, juillet-août 2006, p. 96-99.

Pescosolido A. T., « Emotional Intensity in Groups », thèse non publiée, Department of Organizational Behavior, Case Western Reserve University, 2000.

Platon, *Philèbe*, Flammarion, 2002.

Provine R., *Le Rire, sa vie, son œuvre. Le plus humain des comportements expliqué par la science*, Robert Laffont, 2003.

Psychology Today, juillet-août 2006.

Reboux P., Muller C., *À la manière de...*, Grasset, 2003.

Robinson D. T., Smith-Lovin L., « Getting a laugh: gender, status, and humor in task discussions », *Social Forces*, vol. 80, n° 1, 2001, p. 123-158.

Romero E. J., Cruthirds K. W., « The use of humor in the workplace », *Academy of Management Perspectives*, n° 2, 2006, p. 58-69.

Romero E., Cruthirds K., « The use of humor in the workplace », *Academy of Management Perspectives*, mai 2006, p. 58-69.

Rubinstein H., *Psychosomatique du rire*, Robert Laffont, 2003.

Shurcliff A. A., « Judged humor, arousal, and the relief theory », *Journal of Personality and Social Psychology*, vol. 8, n° 41, 1968, p. 360-363.

Spencer L., article présenté au congrès du Consortium for Research on Emotional Intelligence in Organizations, Cambridge, 19 avril 2001.

Suskind R., « Humor has returned to Southwest Airlines after 9/11 hiatus. Flight attendants try hard to amuse the passengers », *Wall Street Journal*, 13 janvier 2003.

Terrion J., Ashforth B. E., « From "I" to "We" : the role of putdown humor and identity in the development of a temporary group », *Human Relations*, vol. 55, n° 1, 2002, p. 55-88.

Turner R. G., « Self-monitoring and humor production », *Journal of Personality*, 1980, 48(2), 163-172.

Valeriani R., *Travels with Henry,* Houghton Mifflin, Boston, 1979, p. 9.

Verdo Y., « Benjamin Fremaux stratège d'Areva », *Les Échos*, 15 février 2011.

Viktor E. Frankl, *Man's search for meaning*, New York, Washington Square, 1959.

Warren S., Fineman S., « Don't get me wrong, it's fun here, but: ambivalence and paradox in a "fun" work environment », in Westwood R., Rhodes C., *Humour, Work and Organization*, Routledge, Londres, 2007, p. 92-112.

Weinberger M., Gulas C., « The impact of humor in advertising : a review », *Journal of Advertising*, 21, 4, 1992, p. 35-59.

Ziv A. et Ziv N., *Humour et créativité en éducation : approche psychologique,* Creaxion, 2002.

Ziv A., « Facilitating effects of humour on creativity », *Journal of Educational Psychology*, vol. 68(3), Jun, 1976. p. 318-322.

Table des figures

Table des matières

174